KB233580

북한이탈주민의 **삶**
들여다보기

# 북한이탈주민의 **삶** 들여다보기

김현경 지음

KSI 한국학술정보㈜

　　최근 남한으로 입국하는 북한이탈주민의 숫자는 매해 거의 3,000
여 명에 이르고 있다. 그들의 남한 입국 이전 경험은 인권유린과 다
름없기에 북한이탈주민의 인권문제 역시 심각하게 대두되고 있는 현
실이다. 이에 남한 입국자의 여성 비율이 70%에 이르고 있는 현실에
서 중국 체류기간에 생존을 위해 만난 중국남성(한족 및 조선족)과 그
사이에서 출생한 자녀들의 입국도 증가하고 있는 추세이다. 증가해
가는 북한이탈주민 개인과 가족을 고려한 남한 정부의 「북한이탈주
민지원법」 역시 시간에 따라 변화되어 가고 있음을 파악할 수 있다.
또한 전 세계에서 유일하게 장기 휴전국가로 남아 있는 한반도의 남
북한 주민의 정신문화적 차이는 휴전의 역사만큼이나 멀어졌으며 경
제적 차이는 거의 개발도상국과 선진국의 차이라고 볼 수 있겠다. 이
러한 현상은 북한이탈주민들이 직면한 남한 생활이 그들의 상상을
초월한 인터넷이라는 새로운 디지털 세계에서의 생존경험으로 나타
나고 있다.

　　필자는 한반도의 평화통일을 염두에 두면서 남한에 입국한 북한이
탈주민이 경험하게 되는 삶을 트라우마(Trauma)와 치유, 탄력성, 정보
체계 활용, 변화된 「북한이탈주민지원법」이라는 네 가지 축을 중심으

로 고찰해 보고자 하였다. 특히 「북한이탈주민지원법」은 「다문화가족지원법」과는 차이가 있다. 이는 북한이탈주민을 영토적 개념에서 여전히 대한민국 국민의 일부로 인정하고 있다는 점에서 출발한다고 볼 수 있다. 본 연구 집필을 통해 북한이탈주민의 삶을 이해하고 그들의 삶의 질 향상을 위해 북한이탈주민에게 사회복지 서비스를 제공하고자 하는 전문가들이 고려해야 할 사항들이 무엇인지를 중심으로 고찰해 보고자 하였다.

마지막 장에서는 북한이탈주민 개인들이 북한-제3국-남한에서의 삶의 고통이란 어떠한 것이었으며 이를 어떻게 극복해 나가고자 했는지에 대한 그들의 역경 체험을 현상학적 방법론을 적용하여 영문으로 구성하였다. 북한이탈주민의 경험은 시공간의 이동으로 인해 기존의 서구적 개념으로 구성된 양적 척도로 측정할 수 없는 경우가 흔하다. 양적 종단연구가 불가능할 때 그리고 구체적인 그들의 경험을 반영하고 싶을 때 질적 연구의 적용이 바람직하기에 구성해 보았다.

본인의 저술내용을 출간해 주신 한국학술정보(주) 채종준 대표이사님과 이주은 선생님, 추정미 선생님을 비롯한 임직원분들의 관심과 노고에 진심으로 감사드리는 바이다.

2012년 초여름이 머무는 계절에

김현경

# 목차

# I

# 북한이탈주민의 트라우마(Trauma)와 치유:

## 북한에서의 고문 후유증을 중심으로

# 1. 서론

　플라톤과 아리스토텔레스와 같이 유명한 철학자들조차도 고문을 인정하였다는 문헌 기록을 찾아볼 수 있다. 플라톤은 유토피아에서 무언가를 위반한 자유시민은 벌금을 내면 되고 노예는 채찍질을 당하는 수준에서부터 죽음에 처해질 수 있다고 하였다. 아리스토텔레스는 어떠한 증거가 우리 편에 불리하고 반대편에 유리한 것이라면 우리는 온갖 고문의 진상에 대해 이야기함으로써 진실의 가치를 말살시킬 수 있다고 하였다(Brian, 1998; 김윤성 역, 2004: 19~20). 이렇게 인류의 역사를 살펴볼 때 고문은 고대부터 현재까지 준합법적으로 행해지고 있는 가장 비열하고 혐오스러운 폭력의 한 형태이다. 1949년 국제인권선언 제5조인 제네바선언에서 전쟁 희생자와 포로를 보호하기 위해 고문 철폐를 체결하였음에도 불구하고 고문은 21세기에도 여전히 자행되고 있다. 유엔난민기구(UNHCR)의 연간 '글로벌 동향 보고서'에 따르면, 2011년 한 해 동안 강제 이주민이 폭발적으로 증가하여 2000년 이후 최대 많은 수의 난민이 발생한 것으로 나타났다. 2011년에만 약 430만 명의 사람들이 내전 등의 이유로 사실상 실향 상태가 되었으며, 이 중 800,000명의 사람들이 고향을 떠나 난민이 되었다고 한다. 이러한 피난민, 자국을 찾아 되돌아가는 난민, 자국 이주민들, 국적을 갖출 수 없는 개인들은 인권침해 피해자의 고위험군이라 볼 수 있겠다. 또한 고문은 전 세계 150여 나라에서 발생되고 있으며 세계 난민들 중 5~30%가 고문을 받았다고 보고되고 있다 (Michiael et al., 2008). 고문은 그 생존자와 가족 그리고 공동체에 신체적인 후유증뿐만 아니라 정신적·사회적으로 장기적인 영향을 미칠 수 있는데 그중 외상 후 스트레스 증상은 정신장애의 발생원이 되는 스트레스에 해당된다. 현재까지도 종전이 아닌 휴전상태로 머물러 있는 한반도에서도 고문이 지속되고 있음은 남한에 입국하고 있는 북한이탈주민들의 진술을 통해 확인할 수 있다(김현경, 2007, 2009; 변주나 외, 2006; 좋은 벗들 1999a, 1999b; 북한인권시민연합 홈페이지; 탈북자동지회 홈페이지).

2010년 1월을 기준으로 약 2만여 명 이상의 북한이탈주민이 남한에 입국해 있으며 매달 약 2,000여 명이 입국하고 있는 실정이나 우리 사회에서 고문을 경험한 북한이탈주민을 자유를 향해 남한에 입국한 단순 생존자로 바라볼 뿐 연구참여자로 고려해 보려는 시도는 거의 전무하였다. 따라서 고문을 경험한 북한이탈주민의 외상 후 심리적 충격과 고통을 치유하고 완화할 수 있도록 돕기 위한 요인들은 무엇인지 정신건강 분야의 전문가로서 개입방향은 어떠해야 하는지 관심을 가질 필요가 있다고 보인다. 하지만 아직까지 관련 연구는 남한 입국 북한이탈주민의 고문 실태조사(변주나, 2006) 정도에 국한되

어 있다. 따라서 본 연구에서는 기존 선행연구에서 관심 있게 다루어
지지 않았던 고문을 경험한 북한이탈주민들을 대상으로 그들의 인구
사회학적 요인, 정신건강·개인의 성격요인, 사회적·경제적 요인이
고문으로 인한 외상 후 충격에 어떠한 영향을 미치는지 양적 조사를
실행해 봄으로써 난민이주자를 접촉하는 정신건강 전문가로서 인식
해야 할 치료적 요인들을 확인하고 구축하는 데 기여하고자 한다.


## 2. 선행연구

### 1) 고문에 대한 개념 정의

1975년 세계의학협회(WMA) 동경선언에서 고문이란 "강제로 정보
를 얻거나 자백을 받거나 또는 기타의 이유로 개인, 단체에 의해 또
는 어떤 권위적 힘의 사주에 의해 고의적으로 체계적으로 가해지는
정신적·신체적 고통"으로 정의한 바 있다(세계의학협회, 1975). 이후
1989년 정부의 법적·정치적 책임에 관한 국제연합의 정의에서 고문
이란 "상대나 제3자의 정보나 자백을 얻기 위해, 상대나 제3자를 처
벌하기 위해 또는 상대나 제3자를 위협하고 지배하기 위해 또는 어느
형태든지 차별에 기초한 이유로 특정인에게 정신적 또는 육체적으로
심한 고통을 가하는 행위가 공공기관이나 공적 직위에 있는 사람의
선동이나 동의 또는 묵인하에 자행되는 경우"로 정의되었다(Geneva
Switzerland, 1989).

## 2) 고문의 방법

　고문의 가장 기본적인 원리는 고통을 주거나 적어도 고통을 가하겠다고 위협함으로써 공포심을 일으키는 데 있다. 고문은 신체적 고문과 정신적 고문으로 나눌 수 있으나 둘 다 고문을 받는 개인에게 고통과 충격을 주는 짓이라 할 수 있다.

　신체적 고문은 수 세기 동안 네 가지로 분화되었다. 세 가지는 육체적인 힘(총의 개머리판·쇠파이프와 같은 둔기를 이용한 타격, 날카로운 도구로 자르거나 찌르기, 늘이기와 비틀기, 누르기, 절단, 발이나 팔을 묶어서 매다는 것, 발바닥 계속 구타하기, 주먹으로 귀를 때리기 등, 불(달아오른 쇠로 사지를 지짐, 달구어진 쇠로 낙인찍기 등), 물(강제로 물 먹이기, 입과 콧구멍 위로 얇은 천을 덮은 후 물을 부어 호흡에 고통 주기, 찬물이 든 욕조에 담그기 등)을 잔인하게 사용하는 것이며, 네 번째는 가장 섬세하고 세련된 고문으로 불렸는데 이 방법에는 벌레를 옷 속에 넣어 사람을 물어뜯게 하는 고문, 중국과 한국 등 동양권에서 전통적으로 활용한 곤장, 전기충격, 성적고문, 작은 상자나 독방에 감금하는 것, 극도의 저온이나 고온 상태에 두기 등 다양한 형태가 있다.

　정신적 고문의 도구는 첫째, '공포'라고 할 수 있다. 심문에 들어가기 전에 고문기구들이나 적어도 육체적인 방법이 사용될 것이라 위협하는 것이다. 이런 방법은 자백을 얻어 내기에 충분한 것으로 증명되었다. 그 예로 모의처형[1]과 같은 방법이 있다. 또 다른 방법은 '방향감

---

1) 1849년 12월 22일 러시아 작가 도스토예프스키는 폭동죄로 잡혀 온 20명의 죄수들과 모스크바 세메노프스키 연병장으로 걸어갔다. 장군은 사형선고문을 천천히 낭독하였고 사격대에 발포명령이 막 떨어지는 순

각의 상실'이다. 햇빛이 들지 않는 축축하고 추운 방 또는 매우 뜨겁게 가열한 방에 갇힌 수감자는 시간의 진행을 추적하기 힘들다. 이때 음식이나 물이 주어지지 않거나 비정기적인 간격으로 배급된다면 수감자들의 정신은 더욱 피폐해진다. 이런 과정을 통해 자신의 인성에 대한 확신을 잃게 되는 것이다. 나아가 심문자들을 교대시킴으로써 한 번에 며칠씩 수감자를 심문하는 방법으로 '수면박탈' 방법 역시 수감자가 낮과 밤을 구분할 수 없게 된다. 유럽과 미국 경찰에 의해 오늘날에도 활용되고 있는 구어로 '제3단계' 고문은 수감자를 어두운 방에 앉혀 놓고 밝은 탁상용 램프로 직접 얼굴을 비추어 현기증 나는 램프를 직접 응시토록 한다. 또한 좋은 형사와 나쁜 형사를 번갈아 쓰는 방법, 같은 감옥에 가짜 죄수 '끄나풀'을 심어 자백을 유도하는 방법, 심한 굴욕감과 모욕 주기, 협박, 조롱과 언어적 학대, 타인이 고문당하는 소리를 들려주는 방법, 세뇌 등이 있다(김윤성 역, 2004).

## 3) 고문의 영향

고문은 감금과 수감으로 인해 자유의지가 박탈된 무력한 상태에 있는 개인에게 권력조직이 신체적·정신적으로 지속 반복적으로 고통을 가하는 것으로써 단발적인 폭력이나 범죄, 강간과는 차이가 있다. 고문은 예측이 불가능하며 개인적 노력으로 통제할 수 있는 상태가 아니기에 정신적으로 깊은 후유증을 남기게 된다(Basoglu & Mineka, 1992).

---

간 보좌관이 니콜라스 황제의 밀봉된 편지를 장군에게 가지고 왔다. 사형선고는 시베리아 유형으로 감형되었다. 많은 경우 희생자들은 총소리를 듣고 자신이 죽었다고 여겼다가 아직 살아났다는 것을 차츰 인식하게 되는데 그러한 충격은 평생 계속되는 인지능력의 손상을 가져오기에 충분하다고 기록되어 있다(김윤성 역, 2004).

고문의 피해자는 사회에 대한 신뢰를 상실하고 세상에는 정의가 존재하지 않으며 자신은 안전하지 않다는 생각에 지배되는데, 특히 인권을 유린한 고문 집행자가 벌을 받지 않는다는 사실을 인식하게 되면서 사회적인 불의를 심하게 느낀 사람은 이후 사회생활 속에서도 심리적 문제를 겪기 쉽다. 북한과 같은 인권 억압이 심한 나라에서는 고문을 받았을 경우 오히려 생존자가 죄인이며 위험인물이라는 사회적 낙인을 받아 연좌제로 가족 전체가 사회적 지원을 얻기 어려운 상황에 내몰려 심리적 외상을 경험하게 된다. 고문 피해자의 외상 후 스트레스 충격 중 회피증상은 사회적응에 큰 장애를 초래하게 되는데 고문장면을 떠오르게 하는 장소(군 시설, 경찰서 등), 인물(고문 집행자와 닮은 사람, 목소리, 군인 등), 텔레비전, 뉴스, 신문기사 등을 피하게 되고 혼자 있게 되는 등 생활범위가 축소된다. 따라서 사회가 지원하지 않으면 취업이 곤란하여 경제적으로 궁핍해지며 사회 부적응자가 되기 쉽다(Iacopino & Heiser, 1996; Basoglu & Paker, 1994; 이창호·정승용·전우택, 2003에서 재인용).

## 4) 고문 관련 연구

개인을 둘러싼 보호요인과 취약성은 외상에 대한 그 개인의 반응에 영향을 줄 수 있다. 여성(Beiser & Hou, 2001; Ekblad et al., 2002; Chung & Kagawa-Singer, 1993; Hauff & Vaglum, 1995), 과거 정신병력(Hauff & Vaglum, 1995)은 전쟁이나 고문을 경험한 난민이주자의 외상 후 스트레스 장애에 대한 위험요인으로 나타날 수 있다. 또한 정치활동에 직접 참여한 대상자와 참여하지 않았던 대상자들이 나타내는 외상 후 스트레스와 주요 우울증 발현을 비교해 본 결과 외상 후 스트레스 증상의 경우 직접 정치활동에 참여했던 사람이 18%, 그렇지 않았던 사람이 58%, 주요 우울증의 경우 직접 정치활동에 참여했던 사람이 4%, 그렇지 않았던 사람이 24%의 발현을 나타냈다. 즉 정치에 직접적으로 참여하지 않았던 대상자들의 경우 가벼운 고문을 받았음에도 불구하고 더 큰 정신적 후유증을 나타냈다는 점이다. 이는 고문과 같은 외상에 대한 사전의 심리적 준비가 있었는가의 문제이다. 다시 말해 인지적 과정(정치사상이나 종교와 같은 강한 신념, 외상경험에 대한 의미부여나 예측 및 통제의 가능성)과 행동과정(정치활동을 하는 과정에서 외상 후 스트레스에 대한 면역이 생길 수 있다는 점)으로 구분할 수 있다(Basoglu, Mineka & Paker, 1997; Holtz, 1998; Shrestha et al., 1998). 고문을 경험하였다고 해서 모두가 외상 후 스트레스 장애를 겪는 것은 아니나, 고문으로 인한 외상 후 스트레스 장애 발현은 고문 피해자가 주관적으로 지각한 고통의 정도라고 보고되고 있다(Basoglu & Paker, 1994). 굴욕을 주는 것, 협박하는 것, 다른 사람의 고문광경을 목격하게 하는 등 행위는 그 이후 난민이주자들에게 나타나는 외상 후 스트레스 장애를 예측하게 한다고 보고된 바 있다(Shresta et al., 1998).

고문에 대한 회복요인들로는 영성, 외상에 대한 심리적 준비, 정치적 신념, 일에 대한 몰입, 대처방식의 유연성, 생존에 대한 강한 동기, 자기 통제력, 자존감, 현실 지남력, 탄력성, 강인성, 자기효능감, 사회적 지지, 안정 애착 등이 있다(김현경, 2007, 2009; Shresta et al., 1998; Basoglu & Paker, 1994; Skylv, 1992; Stepakoff et al., 2006; Jari et al., 2005; Benight & Bandura, 2004). 고문을 받은 사람은 흔히 그 사회의 희생자라는 낙인을 받기 쉽지만 오히려 생존자(Survivor)로서 자신이 권리를 회복하고자 노력하는 사람들도 있다. 일부 북한이탈주민들 역시 남한 입국 이전 수감생활로 다양한 고문을 겪었으나 그 고통을 견디어 낸 생존자로서 남한 입국 초기에는 유사한 고통과 아픔을 경험했던 북한이탈주민을 혐오하고 회피하였으나 남한사회의 지지와 대인관계의 애착을 통해 과거 북한에서 자신을 고문했던 개인을 북한사회 체계에서 그럴 수밖에 없었던 한 개인으로서, 즉 환경 속의 인간으로 이해하게 되었음을 밝히고 있다(김현경, 2007, 2009).

나아가 난민의 외상회복에 중추적인 회복요인으로 꼽히고 있는 요인들 중 하나는 사회적 지지라 할 수 있다. 고문을 경험했던 이라크 난민을 대상으로 한 외상연구에서 사회적 지지의 부족이 장기간의 우울을 지속시키는 가장 큰 예측요인으로 꼽히고(Gorst-Unsworth & Goldenber, 1998; Mahtani, 2003) 있으며, 고문을 경험한 터키 출신 정치난민 대상의 정신건강 연구에서도 사회적 지지가 외상으로 인한 영향을 경감시키는 요인이 된다는 것을(Basoglu & Paker, 1995; Schweitzer et al., 2006에서 재인용) 밝히고 있다. 이렇게 사회적 지지는 고문과 같은 외상의 영향을 약화시키고, 변화를 용이하게 하며, 과거의 적절한 메커니즘으로 회복하는 데 가장 효과적인 요인 중 하나임을 제시하고 있다. 또한 난민 개인이 자신과 유사한 경험을 한 난민대상자와 사회적인 연계를 구축하는 태도를 보이는 것을 외상회복에 중요한 요인으로 파악하고 있다. 생존한 난민 개인은 자신과 유사한 경험을 한 희생자가 더는 미래의 희생자가 되지 않도록 교육적·법적·정치적으로 노력하고, 대중적 인식을 향상시키는 데 헌신하게 됨으로써 자신의 외상회복에도 기여하게 된다는 것이다(Herman, 1997; Foa & Rothbaum, 1998).

'탄력성'은 위험상황의 영향을 수정하도록 하는 기제나 과정 그리고

성공적으로 적응하는 발달적 과정을 이해하는 데 목적을 두고 있다
(이상준, 2006). 폭력과 전쟁 등으로 인한 외상과 무기력감, 희생을 경험한
난민가족을 탄력성의 관점에서 슈퍼비전을 준 연구(Papadopoulos, 2001),
베트남전쟁 참전용사의 외상 후 스트레스 장애를 탄력성이라는 회복
요인의 적용으로 고찰한 연구(King et al., 1998)들을 통해 탄력성을 역
동적 과정으로 이해하면서, 위험에 처한 개인의 발달적 산물에 기여
하는 긍정적인 요인들로 파악하고 있으며, 다가올 어려움에 대한 면
역체로서의 사건으로 설명한다. 따라서 강점으로 연계된 보호적 과정
인 탄력성은 장기화된 귀인(Attributes)이나 경험이기보다 결정적인 전
환점이 된다고 강조되고 있다. 하지만 탄력성이란 개인 혼자 형성할
수 있는 것이 아니라, 그 개인을 도우려는 주변 타인에 의해서 형성
되고 발전되는 것이다. 이는 역경에도 불구하고 삶이란 의미 있는 것
이며, 결국 해결된다는 확신이라 할 수 있다. 따라서 탄력성은 오로지
개인기질에 의한 결과가 아니라, 개인을 둘러싼 환경적 영향이 중요하
게 반영된다고 볼 수 있다(Tedeschi & Calhoun, 1995, 1999).

고문이나 전쟁으로 인한 외상에서 생존한 개인의 핵심적 취약요인
은 대인 간 애착에 충격적 영향을 미친다는 점이다. 이들은 가족과 같
이 중요한 의미를 지닌 사람과의 이별이나 상실뿐만 아니라 거주할
집이나 소유재산 등의 상실을 경험하게 되는데 이는 실질적으로 흔하
게 발생하는 일이다. 애착이론은 정치 수감자들이 삶의 위협이나 굴욕
에 대해 차이가 나는 독특한 방법으로 반응한다는 점을 이해하게 한
다. 정치 수감자들은 그들이 이용 가능한 자원이나 조력에 대한 판단
에 따라서 위협과 위험성의 심각성이나 중요성을 다르게 인식한다
는 것이다(Basoglu et al., 1996; Ehlers et al., 2000; Kanninet at al., 2002).

무엇보다도 안정 애착에 기반을 둔 외상 생존자는 상황적으로 적합하고 효과적인 대처를 적용하고 성숙한 방어기제를 적용한다는 점이다(Punamaki et al., 2002). 따라서 이들은 타인이 제공하고자 하는 도움이나 지지를 좀 더 수용하려는 태도를 나타내며 분산되어 버린 현실을 인식할 수 있는 능력이 있다고 가정하게 되나 불안정하거나 회피적인 애착에 기반을 둔 외상 생존자들은 타인의 호의나 도움을 불신으로 거절하게 된다는 것이다(Muller & Lemieux, 2000). 외상 생존자와 치료자와의 안정 애착에 기반을 둔 치료적 관계는 그 생존자가 심리적으로 더 악화되지 않으면서도 자신의 외상경험을 이야기할 수 있으며, 신체적인 호소를 하면서도 심리적 어려움을 이야기할 수 있기 때문에 생존자의 심리적 어려움을 공감하면서 들어주는 것 자체도 치료적 효과를 지닌다고 하였다. 즉 이야기를 통해 난민대상자의 실존적인 독특한 경험을 공유함으로써 좀 더 친밀감을 형성할 수 있으며, 치료자의 공감적 경청은 난민 개인 자신이 이해받고 있다는 신뢰를 제공하게 된다. 이러한 치유적 관계(Healing Relationship) 형성은 심리사회적으로 불안정한 상태에 있는 난민대상자에게 안전감을 제공하는 초석이 된다고 할 수 있다(Herman, 1997; Kinzie, 2001).

북한 및 탈북과정에서 고문을 비롯한 다양한 외상사건을 경험한 북한이탈주민에 대한 7년 종단 연구결과를 살펴보면 북한이탈주민의 우울은 만성적인(Chronic) 수준의 우울이라고 보고하고 있다(한반도평화연구원, 2008). 이러한 현상은 북한이탈주민의 난민이주자로서의 경험적 특성을 반영한 결과라 할 수 있겠다. 난민이주자의 우울 장애에 관한 연구는 상당히 다양한 결과를 제시하고 있는데 그중 터키에서 정치적 활동으로 고문을 겪었던 대상자들은 비정치활동과 연계된 대상자들과 비교했을 때 상대적으로 낮은 우울을 나타내었다(Basoglu et al., 1994). 반면 Mollica et al.(1993)의 연구결과에서는 난민캠프에 있던 캄보디아 인의 55%가 서구적 진단기준에 따라 우울 장애로 고통을 받고 있었으며, Hinton et al.(1993)의 연구결과에서는 캘리포니아에 거주했던 베트남 난민의 경우 외상 후 스트레스 장애는 3.5%인 반면 우울 장애는 11.5%로 나타났다고 하였다. 호주에 있는 타밀 망명신청자(Tamil Asylum Seekers)는 일반이주자에 비교하여 세 배나 높은 우울 증상을 보고하였다(Silove et al., 1998). 중요한 상실과 이주에 관련된 사건들은 특히 우울이라는 위험요인과 관련되는데 이는 가족과의 지속적인 이별과 재정착한 나라에서의 사회적 지지의 결핍과 밀접하게 연계된다고 할 수 있다(Gorst-Unsworth & Goldenber, 1998; Ekblad et al., 2002).

'반추(Rumination)'는 개인이 경험했던 위기에 대한 의미부여뿐만 아니라 지속적으로 자신과 타인 그리고 미래에 대한 근본적인 스키마를 다루고 이해하고자 하는 특성이라 할 수 있다. 반추는 스트레스와 부정적인 정서의 수준에 따라서 외상에 대한 반응이 증가하거나 감소하는 경향성이 있다. 이것은 초기 문제해결 전략이 실패할 때 증가하게 되는데 목적을 성취하고자 하는 대안적 도구를 탐색하기 위해 하게 된다(Martin et al., 1993). 반추는 또한 행동과정에 대한 결정을 할 수 없을 때 발생하게 된다(Lazarus & Folkman, 1984). 따라서 목적에 대한 명백한 확인(Identification) 또는 포기하거나 대체(Substitution)함으로써 끝나게 된다. 개인의 외상에 대한 반추 정도는 개인의 창의적인 성장 잠재성 발휘 정도에 따라, 다른 사람들의 정서적 지지 정도에 따라 또한 새로운 스키마와 행동에 대한 아이디어를 제공받는 정도에 따라 변화된다. 반추에 따른 숙고과정 이후 성공적인 대처를 통해 초기의 성장을 경험할 수 있다고 한다(Tedeshi, Park & Calhoun, 1998). 따라서 반추를 함으로써 오히려 자기 자신이나 위기문제에 대한 새로운 통찰력을 얻고 우울한 정서에서 벗어날 수 있게 된다는 연구결과를 제시하는 반면 우울이나 불안 등 신경증적 증상과 밀접하게 연계됨으로써 우울 장애 발현 및 증상 유지와 정적으로 유의한 상관을 보인다고 한다(Tedeschi & Calhoun, 1999).

'자기효능감'은 자신의 전체적인 수행능력에 대한 믿음으로부터 초래한다고 하였다. 자기효능감은 반복된 과제 관련 경험을 통해 점진적으로 발달, 향상될 수 있으며 다양한 훈련절차를 통하여 고양될 수 있으며, 외상경험에 대해 판단하고 평가하여 개인이 느끼는 불안을 매개하는 효과가 있는 것으로 나타났다. 고문이나 전쟁과 같은 외상을 경험한 개인이 느끼게 되는 삶의 불안은 신체적인 손상이나 심리적인 해가 예상되는 위험에 대한 취약성, 자신의 대처능력이 앞으로 다가올 상황들에 맞지 않을 것이라는 예상 등에 의해 일어날 수 있다. 개인이 어떠한 환경의 위험이나 위협에 대처할 수 없다고 지각하는 것은 위험이나 위협 자체의 실질적인 특성 못지않게 불안을 일으키는 중요한 원인이 된다. 부정적인 사고의 통제에 대한 낮은 자기효능감은 불안과 우울을 부추긴다고 보고하고 있다. 따라서 자기효능감은 전쟁, 성폭력, 자연재난, 테러, 범죄희생 등과 같은 외상경험에 대한 개인의 행동뿐만 아니라 정서에도 영향을 미친다(Benight & Bandura, 2004). 경제적 어려움과 같은 생활고가 외상 및 스트레스 이후 심리적 안정감과 성장을 저해한다는 것은 난민이주자 연구결과(Behnia, 2002; Robertson, et al., 2006)에서 밝혀진 바 있다. 그러나 최근 국내연구에서 북한이탈주민을 대상으로 한 외상 이후 심리적 성장

연구결과 개인의 수입 정도는 7년 이상 남한거주 북한이탈주민의 외상 이후 심리적 성장 또는 삶의 질과도 유의한 상관이 없는 것으로 밝혀진 바 있다.

## 3. 연구내용 및 방법

### 1) 연구대상자 및 표집방법

본 연구는 서울, 경기도, 인천지역 내 교회·성당 및 지역사회복지관을 활용하는 북한이탈주민들을 대상으로 하였다. 자료 수집기간은 2009년 2월부터 2009년 12월까지였으며 정기모임과 예배 및 행사 등에 참여한 북한이탈주민들에게 본 연구의 목적을 설명한 후 북한 내에서 탈북과정에서 수용소 생활을 하거나 투옥 및 감금된 상태에서 고문을 경험한 바가 있다고 보고한 대상자들에게 설문에 응답을 하도록 제시하였다. 총 230부 중 성실하게 응답한 205부를 선택하여 분석하였다.

### 2) 측정도구

본 연구에서는 독립변수로서 조사대상자의 인구사회학적 요인, 정신건강·개인의 성격적 요인, 사회적·경제적 요인 관련 척도를 활용하였다. 종속변수로서는 고문으로 인한 외상 후 충격척도를 활용하였다.

(1) 인구사회학적 요인

본 연구참여자의 인구사회학적 요인으로서 성별, 연령, 북한에 두고 온 자녀 유무, 만성질병의 수, 과거 결혼경험 유무를 중심으로 조사하였다.


(2) 외상사건 충격척도(Impact of Event Scale)

외상 및 고통과 같은 심리적 충격경험이 개인에게 어떠한 영향을 미치고 있는지를 평가하기 위해 강성록(2000)이 DSV-Ⅳ의 외상 후 스트레스 장애진단을 준거로 개발한 북한이탈주민의 외상 후 스트레스 증상척도(외상사건의 재경험, 회피와 반응의 마비, 각성증가로 구성된 총 16문항)를 활용하였다. 본 척도는 Horowitz, Wilner & Alverez(1979)가 개발한 Impact of Event Scale과 동일하다. 각 문항은 4점 리커트 척도(1점: '전혀 없었다'부터 4점: '아주 심했다')로 평정한다. 본 연구에서 활용한 척도의 내적 신뢰도는 .92였다.


(3) 자기효능감

보다 광범위한 행동에 있어서 예측이 가능한 일반적 자기효능감을 측정하는 도구로서 김아영(1997)이 개발하여 최지연(2000)이 활용한 것을 적용하였다. 자신감, 자기 조절 효능감, 과제난이도 선호를 포함하는 24개의 문항으로 구성되었다. 문항은 '매우 아니다' 1점부터 '매우 그렇다' 6점의 리커트 척도로 되어 있다. 점수가 높을수록 자기효능감 수준이 높은 것을 의미한다. 최지연(2000)의 연구에서 활용한 본 척도의 내적 신뢰도는 .87이었다.

## (4) 우울

우울 수준을 측정하기 위해 Beck 등(1961)이 개발하고 이영호와 송종용(1991)이 번역한 한국판 Beck 우울 척도(Beck Depression Inventory)를 사용하였다. BDI는 Beck 등(1961)이 정서적·인지적·동기적 그리고 생리적 영역을 포괄한 우울 증상을 특정하기 위해 개발한 총 21개 문항의 자기 보고형 검사이다. 이 검사는 각 항목마다 우울 증상의 심한 정도를 기술하는 4문장 중 지난 1주 동안의 경험에 적합한 한 문장을 선택하도록 되어 있으며 점수가 높아질수록 더 심한 우울을 보이는 것으로 해석된다. 김현경 외(2008)에서 활용된 본 척도의 내적 신뢰도는 .86이었다. 본 연구에서의 내적 신뢰도인 Cronbach α 값은 .88이었다.

## (5) 반추(Rumination)

외상사건과 관련된 반추를 측정하기 위해 Calhoun, Cann, Tedeschi & McMillan(2000)이 사용한 반추척도를 국내에서 신선영(2009)이 번안하여 사용한 척도를 활용하였다. 총 14문항으로 7문항은 외상경험 당시에 했던 반추 정도이며, 7문항은 최근 2주 동안 한 반추의 정도를 묻는다. 문항은 '전혀 아니다' 1점부터 '매우 그렇다' 7점 리커트 척도이다. 척도의 내용으로는 사건에 관해 개인이 보고하는 침입적인 사고, 사건을 이해하기 위한 임의적 사고, 사건에 대처하면서 도움이 되는 것 찾기, 외상경험에서 유익한 점 찾아보기, 삶의 목적이나 의미에 대한 탐색 등을 측정한다. 신선영(2009)의 연구에서 외상경험 당시 문항 척도의 내적 신뢰도인 Cronbach α 값은 .81이었고, 최근 2주 동안의 반추에 관한 문항의 신뢰도인 Cronbach α 값은 .88이었다.

(6) 탄력성(Resilience)

Connor, Jonathan & Davidson(2003)이 개발한 Connor-Davidson Resilience Scale을 번안하여 활용하였다. 총 25문항으로 '전혀 아니다' 0점부터 '항상 그렇다' 4점인 리커트 척도로 구성되었다. 총점의 범위는 0~100점이며 점수가 높아질수록 높은 탄력성을 반영한다. 대학원생들과 영어원문을 한글로 번역힌 후 역번역하도록 하였으며, 대학원생들을 중심으로 2회에 걸쳐 본 척도의 질문이 국문으로 이해하기 적합한지 검토하였다. 타당도 검증을 위해 정신건강 관련 교수 2인의 검토와 확인과정을 거쳤다. 본 연구에서 활용된 한국판 탄력성 척도의 내적 신뢰도 Cronbach α 값은 .92였다.

(7) 안정 애착

성인 애착을 측정하기 위해 Attachment Style Questionnaire(Feeney et al., 1994)를 활용하였다. 총 40문항의 자기 보고식 문항으로 그중 안정 애착과 관련된 10개의 문항을 활용하였다(예: 나는 상대적으로 쉽게 다른 사람들과 친해지는 편이다, 나는 다른 사람을 신뢰하는 것이 대체로 어렵지 않다 등). 나머지 30개의 문항은 불안정-회피 애착, 불안정-몰입 애착 영역으로 본 연구에서는 활용하지 않았다. 본 척도 역시 대학원생들과 영어원문을 한글로 번역한 후 역번역하였으며, 대학원생들을 중심으로 2회에 걸쳐 본 척도의 질문이 국문으로 이해하기 적합한지 검토하였다. 본 연구에서 활용된 안정 애착 척도의 내적 신뢰도 Cronbach α 값은 .90이었다.

## (8) 사회적 지지

전우택 등(2004)이 2001년에 개발한 도구를 북한이탈주민들의 의식 척도 총 46개 문항 중 두 문항 '터놓고 말할 수 있는 친한 남한사람이 있다', '터놓고 말할 수 있는 친한 북한이탈주민이 있다'로 구성하였다. 문항은 '전혀 안 그렇다(1점)'에서부터 '매우 그렇다(5점)'까지 5점 척도상에 응답하도록 되어 있다. 단일문항으로 척도의 내적 신뢰도는 측정하지 않았다.

## (9) 경제적 걱정

북한이탈주민이 주관적으로 인식하고 있는 경제적 어려움으로 인한 걱정 정도를 '당신은 현재 남한에 거주하면서 경제적인 어려움으로 어느 정도 걱정하고 계십니까?'라는 문항을 사용하여 측정하였다. 측정은 5점 리커트 척도로 '전혀 걱정하지 않음' 1점부터 '매우 걱정함' 5점으로 구성하였다. 단일문항으로 척도의 신뢰도는 측정하지 않았다.

## 3) 자료 분석방법

본 연구자료 분석에는 SPSS 15.0이 사용되었다. 구체적으로 빈도분석, 기술분석, 상관관계분석, 일원변량분석(One-way Anova), 위계적인 회귀분석(Hierarchial Regression)을 실시하여 연구를 검증하였다.

# 4. 결과

## 1) 인구사회학적 특징

우선 연구참여자 205명의 인구사회학적 사항인 성별, 연령, 과거 북한이나 중국에서의 결혼경험 유무, 북한에 누고 온 자녀 유무, 만성질병의 수에 대한 빈도분석을 살펴보면 다음과 같다. 성별로는 남성은 86명(42.0%), 여성은 119명(58%)이었다. 연령별로는 20대 20명(9.8%), 30대 80명(39.0%), 40대 59명(28.8%), 50대 이상 46명(22.4%)으로 30대가 전체 비율에서 가장 높은 수치를 나타내었다. 과거 북한에서 결혼경험이 '있다'는 86명(41.9%), '없다'는 117명(58.1%)으로 나타났다. 또한 북한에 자녀가 없는 경우는 120명(81.6%), 북한에 자녀를 두고 온 경우는 27명(18.4%)에 해당하였다. 만성질병이 없는 경우가 8명(3.9%)으로 가장 낮았으며, 1개에 해당하는 경우는 133명(64.9%), 2개는 35명(17.1%), 3개 이상은 29명(14.1%)으로 나타났다.

## 2) 인구사회학적 요인에 대한 고문경험 북한이탈주민의 외상 후 충격

<표 Ⅰ-1>에서 나타난 바와 같이 205명의 고문으로 인한 외상 후 충격에 있어서 남성과 여성의 유의한 차이가 있었다($F_{1,203}=.6.961$, $p<.01$). 연령에 따른 유의한 차이도 나타났다($F_{3,201}=10.246$, $p<.001$). 과거 북한·중국에서의 결혼경험 유무의 경우 결혼경험이 있었던 경우가 없었던 경우보다 고문으로 인한 외상 후 충격이 유의하게 높았다($F_{1,103}=3.961$, $p<.05$). 또한 북한에 자녀를 두고 온 경우가 그렇지 않은 경우보다

고문으로 인한 외상 후 충격이 유의하게 높은 차이를 나타냈다($F_{1,203}=$ 6.063, $p<.01$). 만성질병의 수 역시 질병의 수가 많아질수록 고문으로 인한 외상 후 충격에 유의한 차이를 보였다($F_{3,201}=19.027$, $p<.001$).

〈표 Ⅰ-1〉 인구사회학적 요인에 대한 고문경험 북한이탈주민의 외상 후 충격

| 변인 | | 고문으로 인한<br>외상 후 충격 | F검증 |
|---|---|---|---|
| 1. 성별 | 남자(N=86) | 18.06(10.24) | 6.961** |
| | 여자(N=119) | 21.37(13.30) | |
| 2. 연령 | 20대(N=20) | 18.60(14.37) | 10.246*** |
| | 30대(N=80) | 19.23(12.35) | |
| | 40대(N=59) | 19.48(11.64) | |
| | 50대(N=46) | 20.21(11.98) | |
| 3. 북한·중국에서의<br>결혼경험 유무 | 없음(N=117) | 19.02(12.94) | 3.961* |
| | 있음(N=86) | 21.61(11.18) | |
| 4. 북한에 두고 온<br>자녀 유무 | 없음(N=120) | 19.90(10.97) | 6.063** |
| | 있음(N=27) | 22.43(14.90) | |
| 5. 만성질병의 수 | 없음(N=8) | 17.15(10.04) | 19.027*** |
| | 1개(N=133) | 20.16(12.50) | |
| | 2개(N=35) | 21.79(11.24) | |
| | 3개 이상(N=29) | 24.66(12.56) | |
| 전체(N=205) | | | |

* p<.05, ** p<.01, *** p<.001

## 3) 고문경험 북한이탈주민의 외상 후 충격과 변수들 간의 상관관계

고문으로 인한 외상 후 충격은 우울과는 .430, 반추와는 .358, 자기효능 감과는 .122의 유의한 정적 상관을 보여 우울이 높을수록, 반추를 많이 하게 될수록, 자기효능감이 적을수록 개인은 고문으로 인한 외상 후 충격으로 힘들어하는 것으로 나타났다(<표 Ⅰ-2>). 또한 탄력성과는 -.203,

안정 애착과는 −.211의 유의한 부적 상관을 보여 탄력성이 없을수록, 안정 애착을 형성하지 못할수록 고문으로 외상 후 충격에 부정적인 상관관계를 보이고 있음을 알 수 있다. 경제적 걱정은 .132로 고문으로 인한 외상 후 충격과 정적 상관을 나타내고 있다. 즉 경제적 걱정이 많아질수록 고문 외상 후 충격이 심해진다는 것으로 설명될 수 있겠다. 사회적 지지의 경우 남한사람으로부터 받게 되는 지지가 적어질수록 고문으로 인한 외상 후 충격이 강해지나 북한 출신으로부터의 사회적 지지와는 무관한 것으로 나타났다.

〈표 Ⅰ-2〉 고문으로 인한 북한이탈주민의 외상 후 충격과 변수들 간의 상관관계

| 변수 | 우울 | 반추 | 자기효능감 | 탄력성 | 안정애착 | 경제적걱정 | 사회적 지지 | |
|---|---|---|---|---|---|---|---|---|
| | | | | | | | 남한사람 | 북한사람 |
| 고문으로 인한 외상 후 충격 | .430** | .358** | −.122* | −.203** | −.211** | .132* | −.253** | 0.98 |

* p<.05, ** p<.01, *** p<.001

## 4) 고문경험 북한이탈주민의 외상 후 충격에 영향을 미치는 인구사회학적 요인, 정신건강·개인의 성격적 요인 그리고 사회적·경제적 요인

위계적 회귀분석을 적용하여 고문으로 인한 외상충격 수준에 대한 인구사회학적 요인, 정신건강 및 개인 성격요인, 사회적 및 경제적 요인들의 영향력을 살펴보았다(<표 Ⅰ-3>). 첫 번째 단계에서는 성별, 연령, 북한에 두고 온 자녀 유무, 만성질병의 수, 과거 북한 및 중국에서의 결혼경험 유무의 인구사회학적 요인이 예측요인으로 투입되었고, 두 번째 단계에서는 우울, 반추, 자기효능감, 탄력성 같은 정신건강 및 개인

의 성격적 요인이 포함되었다. 세 번째 단계에서 안정 애착, 사회적 지지, 경제적 걱정 같은 사회적 및 경제적 요인이 예측요인으로 포함되었다. 고문으로 인한 외상 후 충격에 대한 위계적 회귀분석 결과를 살펴보면, 1단계에서 성별, 연령, 북한에 두고 온 자녀, 만성질병의 수라는 인구사회학적 요인은 고문으로 인한 외상 후 충격에 유의한 예측요인이 되고 있다($F_{5,200}=11.982$, $p<.001$). 2단계에서 정신건강 및 개인의 성격적 요인들이 모형에 포함되었을 때에는 우울, 반추, 자기효능감, 탄력성 요인들이 고문으로 인한 외상 후 충격변량의 41.2%를 설명하여, 1단계보다 16%만큼 설명 변량이 증가하였다($F_{9,196}=15.279$, $p<.001$). 3단계에서는 사회적 및 경제적 요인으로서 안정 애착, 사회적 지지, 경제적 걱정 요인이 포함되어 세 번째 단계보다 4.1%만큼의 설명 변량이 증가하였다($F_{12,193}=12.214$, $p<.001$). 결과적으로 인구사회학적 요인 중에서는 성별이 여성일수록($\beta=.226$, $p<.001$), 북한에 두고 온 자녀가 있는 경우($\beta=.198$, $p<.01$), 만성질병의 수가 많아질수록($\beta=.383$, $p<.001$), 정신건강 및 개인의 성격적 요인 중에서는 우울할수록($\beta=.447$, $p<.001$), 반추를 할수록($\beta=.157$, $p<.05$), 자기효능감이 적을수록($\beta=-.202$, $p<.05$), 탄력성을 발휘하지 못할수록($\beta=-.194$, $p<.001$), 안정 애착을 형성하지 못할수록($\beta=-.169$, $p<.05$), 남한사람으로부터의 사회적 지지를 받지 못할수록($\beta=-.155$, $p<.05$), 경제적 어려움으로 인한 걱정이 많아질수록($\beta=.183$, $p<.001$) 고문으로 인한 외상 후 충격경험을 더 많이 하는 것으로 나타났다.

**〈표 Ⅰ-3〉 고문경험 북한이탈주민의 외상 후 충격에
영향을 미치는 인구사회학적 요인, 정신건강·개인 성격요인, 사회적·경제적 요인**

| 단계 | 요인 | | 고문으로 인한 외상 후 충격 | |
|---|---|---|---|---|
| | | | $\beta$[2] | $t$ |
| Ⅰ | 인구사회학적 요인 | 1. 성별 | .226 | 3.610*** |
| | | 2. 연령 | .359 | 2.145* |
| | | 3. 북한에 두고 온 자녀 유무 | .198 | 2.845** |
| | | 4. 만성질병의 수 | .383 | 5.810*** |
| | | 5. 과거 결혼경험 유무 | −.095 | −1.138 |
| | | | $R^{2}$[3] $=.252$, $F(5,200)=11.982$*** | |
| Ⅱ | 인구사회학적 요인 | 1. 성별 | .163 | 2.590** |
| | | 2. 연령 | .133 | 1.603 |
| | | 3. 북한에 두고 온 자녀 유무 | .095 | 1.485 |
| | | 4. 만성질병의 수 | .252 | 4.072** |
| | | 5. 과거 결혼경험 유무 | −.106 | −1.414 |
| | 정신건강·개인성격적 요인 | 6. 우울 | .601 | 6.415*** |
| | | 7. 반추 | .180 | 2.719** |
| | | 8. 자기효능감 | −.518 | −5.490*** |
| | | 9. 탄력성 | −.204 | −3.046** |
| | | | $R^{2}=.412$, $F(9,196)=15.279$*** | |
| Ⅲ | 인구사회학적 요인 | 1. 성별 | .167 | 2.665** |
| | | 2. 연령 | .067 | .766 |
| | | 3. 북한에 두고 온 자녀 유무 | .148 | 2.245* |
| | | 4. 만성질병의 수 | .229 | 3.681*** |
| | | 5. 과거 결혼경험 유무 | −.077 | −.998 |
| | 정신건강·개인성격적 요인 | 6. 우울 | .447 | 4.731*** |
| | | 7. 반추 | .157 | 2.012* |
| | | 8. 자기효능감 | −.202 | −2.567* |
| | | 9. 탄력성 | −.194 | −2.903** |
| | 사회적·경제적 요인 | 10. 안정 애착 | −.169 | −2.324* |
| | | 11. 사회적지지 남한사람 | −.155 | −2.431* |
| | | 11. 사회적지지 북한사람 | .073 | 1.291 |
| | | 12. 경제적 걱정 | .183 | 2.701** |
| | * p<.05, ** p<.01, *** p<.001 | | $R^{2}=.453$, $F(12,193)=12.214$*** | |

# 5. 결과 논의 및 결론

본 연구는 고문을 경험한 북한이탈주민을 대상으로 외상 후 충격을 신체적·심리적·사회적(Bio-Psycho-Social) 영역에서 조사함으로써 고문으로 인한 외상 후 충격을 치유 또는 회복 차원으로 연계시킬 수 있는 요인들을 발견하여 난민이주자에 대한 정신건강의 지평을 넓히고자 하였다.

본 연구결과를 토대로 고문을 경험한 북한이탈주민의 외상충격은 여성이 남성보다 훨씬 심한 것으로 나타났다. 이러한 결과는 국외연구(Ekblad et al., 2002; Robertson, 2006) 결과와도 일치한다. 전쟁과 고문을 경험했던 난민여성들은 남성에 비해 위기상황에 대한 대처능력이 상대적으로 떨어질 뿐만 아니라 배우자를 상실하거나 이별한 경우 생계부양으로 인한 정신적 어려움이 중첩되어 정신적 후유증이 더 큰 것으로 나타났다. 북한이탈여성의 경우 수감생활 또는 국경을 넘는 과정, 제3국 체류 중에도 다양한 위험요인들에 직면하게 되지만 특히 성폭력(성고문)의 위험요인에 노출된다는 점을 심각하게 고려해 볼 필요가 있다. 이러한 현상은 1990년대 경제난 이후 북한이탈여성은, 국가의 모성보호 조치는 열악해졌고, 생계를 위해 경제활동에 내몰리고 이 과정에서 그리고 탈북 후 중국에 체류하는 동안 공안의 추격과 불법체류자의 지위를 악용하는 브로커와 현지인 등으로부터 착취와 폭력에 노출되고 있는 것으로 나타났다. 덧붙여 북한에 자녀를

---

2) 독립변인의 상대적 기여도를 비교 평가하는 **값**이 표준화된 회귀계수(Beta)임.

3) $R^2$ 수치는 결정계수임. 성별에서 남성을 0, 여성을 1로, 북한에 두고 온 자녀가 없다는 0, 있다는 1로, 북한·중국에서 결혼경험이 없다 0, 있다는 1로 코딩 처리함.

두고 탈북한 경우 북한이탈여성이 느끼는 죄책감, 성폭력, 매매혼과 인신매매 등을 경험했을 때의 정신적 상처는 심각한 수준으로, 이는 한국에 입국한 후에도 다양한 형태의 육체적 질병으로 나타나고 있는 것으로 설명될 수 있다(김현경, 2008, 2009; 국가인권위원회, 2010). 고문을 경험한 개인에게서 만성질병이 많아질수록 고문으로 인한 외상 후 충격이 더 커지게 되는데 이는 그 개인이 자신의 병든 몸을 인식하게 됨으로써 그러한 결과가 과거 고문으로 인한 후유증임을 확인하게 되는 것이라 볼 수 있겠다. 북한이탈주민의 경제적 어려움 역시 만성적 질병과 밀접한 상관이 있다. 북한이탈주민의 이직과 구직의 어려움이 '건강이 좋지 않아 쉬고 싶어서'라고 제시한 경우가 전체 응답의 27.8%로 가장 높았으며(한반도평화포럼, 2009), 윤인진(2007)의 연구에서는 북한이탈주민의 건강문제가 미취업의 주된 이유임을 제시한 경우가 전체의 35.5%로 가장 우세한 결과를 나타냈다. 또한 북한이탈여성이 주변에서는 이해할 수 없는 고통스러운 신체화 증상을 호소하게 되는 경우도 제시되고 있다(이민영·김현경, 2007). 덧붙여 새로운 국가로 입국한 난민이주자의 경제적 가난과 무직은 이주한 이후 결혼생활의 파탄과 연계되고 결과적으로 취약한 개인을 고립시키게 된다는 국외 연구결과(Behnia, 2002)를 뒷받침한다.

본 연구결과에서 우울이 고문을 경험한 북한이탈주민 개인의 외상 후 충격에 영향을 미치고 있었는데, 코소보 전쟁 중 알바니아 난민들에게서 나타난 정신건강 문제와 사회적 기능 및 태도를 살펴보면 남녀 모두에게서 강한 증오심, 복수심, 우울, 불안, PTSD 증상, 지나치게 높은 공격성을 보였다. 이러한 정서적 반응들은 고문이나 전쟁을 경험한 대상자들에게 나타나는 자연스러운 감정이라 볼 수 있겠다

(Lopes, et al., 2000; Michael et al., 2008; Silove, 2000). 반추는 외상경험에 의한 큰 상실 후에 따라오게 되는 문제의식과 정체성을 어떡해서든 재형성해 보려는 것이다. 외상경험 초기에는 많은 사람이 외상으로 인해 분쇄되어 버린 모든 기억을 차단시킴으로써 대처해 보려고 한다. 자기방어적 태도를 취하는 것이다. 그러나 회복 및 치유를 향한 반추는 오히려 외상사건을 기억하고(Remembering) 처리하는 것(Processing)을 의미한다. 외상으로 인해 '지속적인 존재로서의 자신(Going on Being)'이 깨어져 버렸다면 다시 과거로 돌아가지 못할 것이다. 하지만 인간은 조각난 파편에서도 새로운 패턴을 만들 수 있는 능력이 있다는 점에서 과거에 직면해서, 현실과 연계하고, 미래에 접근하여 회복 및 치유에 이르게 된다는 점을 시사하는 것이다(Alcock, 2003). 따라서 반추를 통해 고문과 전쟁을 경험한 대상자들의 내면에 삶에 대한 긍정적인 신념이 형성될 수 있다는 것이다. 일반적으로 심리적 영역으로서 고문과 같은 외상 및 극심한 고통을 경험한 개인의 전환과정은 정서적으로는 심리적 고통을 다루기 힘든 상태를 경험하면서, 비포괄적인 상태의 인지적 도식을 갖게 된다. 따라서 긍정적인 감정, 자존감, 집중력 등은 현저히 낮아지면서 상황을 근본적으로 통제하는 데 실패하기 쉽다. 때문에 이차적 반응으로 어느 정도의 반추(Rumination)를 경험하게 되는데, 이것은 기존의 인지적 도식을 교정하고 사건을 다룰 수 있도록 하기 위해서 새롭게 사고(Renewed Consideration)하는 것이라 할 수 있다. 이 기간 동안 활용되는 대처전략은 주로 정서 중심적인 것이라고 할 수 있겠다. 과정의 세 번째 기간 동안 타인들로부터 정서적 지지와 상황에 대처하기 위한 새로운 방법들이 활용되는데, 타인들로부터의 지지적인 영향은 반추에서 초기 성장으로 가는 중요한 요인이 된

다. 외상 및 고통경험들이 수용되면서, 개인의 목표가 교정되고, 새로운 의미가 구성되면서 인지적인 도식들이 변화되는 과정을 거치게 되는 것이다. 덧붙여 외상사건에 종교적인 의미가 부여될 때 이차적 통제의 형태로 해석적 통제(Interpretive Controal)가 발생되는데(Rothbaum et al., 1982), 이러한 해석은 외상사건을 수용하는 데 기여한다고 파악되고 있다. 심리적 고통을 조절 또는 억제시켜 주며, 결과에 대한 의미를 재해석할 수 있는 인지적인 틀을 제공하고, 사회적 자원에 대한 접근을 촉진시키며, 사회적인 통합을 진척시키는 것으로 제시되고 있다(Newman & Pargament, 1990; Siegel, Anderman & Schrimshaw, 2001).

고문과 같은 외상을 경험한 대상자라 할지라도 자신의 어려운 상황을 해결하는 데 있어서 수동적으로 반응하지 않는다. 그들은 지금 여기에 존재하는 주변자원을 찾아 자신의 욕구를 반영할 수 없는 심리적으로 차단된 현실을 깨고자 시도한다. 어려운 상황에 직면하였을 때 도움을 줄 수 있는 사람을 찾아 나서는 것은 자신을 개방하고자 함으로써 강한 대인 관계를 형성하려는 시도인 것이다. 이러한 탄력성은 자신에게 합당한 지지망을 형성하고자 하는 새로운 행동전환이라 할 수 있다. 하지만 탄력성은 개인 혼자 형성할 수 있는 것이 아니라, 그 개인을 도우려는 주변 타인에 의해서 형성되고 발전되는 것이기 때문에 개인을 둘러싼 환경적 영향이 중요하게 반영된다는 점이 강조된다(Tedeschi & Calhoun, 1995). 본 연구결과에 의하면 고문에 의한 외상 후 충격은 남한사람들의 사회적 지지가 부족할 때 그 충격의 정도가 심해지는 것으로 나타났다. 반면 북한 출신으로부터의 사회적 지지는 영향력이 없는 것으로 나타났다. 이러한 영향은 캐나다 오타와로 이주한 난민들 중 전쟁과 고문을 경험한 대상자들의 경우, 이주 이후에 다양한 어려움과 상실에 압도되어 같은 아픔을 경험한 대상자들 간의 상호 조력을 할 만한 에너지가 없는 상태에 놓이게 된다는 국외연구(Behnia, 2002)와 일맥상통하는 결과라 할 수 있다. 북한이탈주민은 과거 외상경험의 영향으로부터 자신을 보호하기 위하여 같은 북한 출신을 만나기를 꺼려한다. 곧 그들이 자신의 자화상이 되기 때문이다. 북한이탈주민을 만나게 되면, 개인의 과거 외상경험이 떠올라 고통을 확인하게 됨으로써 심리적인 상처만 깊어질 뿐이다. 한국에 들어온 동기, 북한수용소에서 경험했던 수감원들 간에 폭력행위, 자아비판과 호상비판을 통한 상호 공격성, 중국으로 건너가 살 수밖에 없었던 이유 등은 북한이탈주민이라면 설명하지 않아도 그들만의 역사를 통해 공통적으로 인식하게 되는 사실들이다. 그렇기 때문에 그들은 남한에 입국하면서 더는 그러한 사실들의 확인을 통해 자신의 과거 외상경험의 고통을 확인하고 싶지 않은 것이다. 또한 북한이탈주민은 각자 처한 현실의 어려움에 대처하기 위해 자신에게 도움이 될 수 있는 사람들을 만나고 싶어 한다. 그러나 주변의 북한이탈주민 역시 물질적으로나 정서적으로 같은 북한 출신 사람들에게 현실적인 도움을 주기에는 인식 면에서, 능력 면에서 부족함이 많다. 그러한 사실들을 발견하게 되면서 같은 북한이탈 출신과의 만남을 꺼리게 된다. 반면 낯선 현실에 흡수될 수 없는 개인의 입장에서 비슷한 상황에 있는 북한이탈 주민끼리 모이게 되나 정서적 공허감을 메우기 위한 만남의 수준에 그치고 마는 것으로 나타났다(김현경, 2008, 2009; Kim & Lee, 2009). 사회적 지지란 사회체계 내에서의 상호작용을 통하여 심리적 스트레스의 근원과 외상에 노출된 개인을 정서적·정신적으로 보호하는 완충역할을 함으로써 개인이 위기 또는 변화에 대해 적응할 수 있도록 도와주는 속성이 있다. 특히 터놓고 말할 수 있는 남한사람들로부터의 정서적 지지는 북한이탈주민의 외상경험 이후 심리적 성장과 강한 상관이 있을 뿐만 아니라 외상 이후 심리적 성장에 대한 긍정적인 예측요인으로 나타났다(김현경 외, 2008).

　자기효능감은 스트레스에 대한 반응을 하는 데 핵심적 역할을 하며 위협적 상황에 대처하는 네 질(Quality)을 결정하며, 개인이 인식한 자기효능감은 다양한 외상경험 이후 심리적 회복을 매개하는 중요한 요인이 된다. 자기효능감에 대한 신념체계는 탄력성을 형성하는 데 영향을 미치며 심리사회적 기능의 질에도 영향을 미치는데, 스트레스와 혼란스러운 반추 그리고 회피적 행동을 감소시키는 데 연관된다는 점이다(Benight & Bandura, 2004). 북한이탈주민의 외상 후 스트레스 장애연구에서 외상 후 스트레스 장애증상 정도가 높을수록 타인에 대한 수용성이 적었으며 사고억제 성향이 높아졌다고 하였다. 이는 북한이탈주민이 경험한 외상들로 인해 대인 관계 및 사회성 발달을 저해하는 요인이 되고 있음을 알 수 있는데 자기효능감이 최종적으로 재사회화 과정에 필수불가결한 요소 중 하나로서 타인에 대한 수용성을 개선할 수 있는 요인으로 나타났다는 연구결과(허성호·박은미·정태연, 2008)를 지지한다. 북한이탈주민과 같은 난민대상자의 과거 외상경험으로 인한 고통증상은 호전과 악화를 반복하게 되는데, 즉 고요하고 안정된 시기를 보내다가도 외상 촉발 요인들로 인해 급격히 악화되기도 한다. 이때 난민대상자는 일정한 치료자와 장기적인 상호 관계를 유지하고자 하는 욕구를 갖게 되는데, 이러한 안정 애착에 대한 욕구 충족은 그들의 심리적 안정의 지속성을 강화시킨다. 또한 이 시기에는 결혼문제, 금전문제, 자녀양육, 사회문화적 지지상실 등 일상적인 이슈들도 같이 등장하게 된다(Kinzie, 2001). 따라서 정신건강 전문가들은 난민 클라이언트의 심리사회적 기능에 부정적인 영향을 주는 정치적·사회경제적인 요인들은 인식하면서 그 개인이 현실에서 실질적으로 얻을 수 있는 혜택들을 다루어 주는 역할을 무시해서는 안 된다(Mahtani, 2003). 예를 들면 보스니아 난민연구를 볼 때 병원을 근간으로 하는 건강체계와 약물을 지향하는 건강체계, 정신과적 돌봄은 만성적이고 심각한 경우로 국한시키고 지역사회정신건강담당자는 난민들에게 심리사회적 프로그램이 포함된 원조조직의 중요성을 강조하였다는 점이다. 즉 존엄성과 자기통제, 이주국에서의 삶에 대한 조망을 좀 더 넓게 확대 적용하면서, 동시에 직업에 대한 지속적인 사후관리가 따라올 때 외상으로 인한 정신건강 회복이 효과적임을 밝히고 있다(Jong et al., 1999).

결과적으로 여성인 경우, 연령이 많을수록, 북한에 자녀가 있는 경우, 만성질병의 수가 증가할수록, 과거 북한이나 중국에서 결혼경험이 있는 경우 고문으로 인한 외상 후 충격에 유의한 차이를 보였다. 덧붙여 우울, 반추, 자기효능감, 탄력성, 안정 애착, 남한사람의 사회적 지지, 경제적 걱정이 고문으로 인한 외상 후 충격에 영향을 미치는 예측요인으로 밝혀졌다.


## 6. 사회복지 서비스 실천을 위한 함의

본 연구는 북한이탈주민들을 대상으로 고문과 같은 극심한 외상 후 충격에 영향을 미치는 요인들을 밝혀 봄으로써 난민이주자를 접촉하는 임상사회복지사를 비롯한 정신건강 전문가들이 인식해야 하는 실천적 기술을 다루고자 하였다.

일반적으로 난민들의 외상경험은 물질적 박탈, 전쟁 준비상태 속에서의 생활, 신체적으로 받은 상처, 감금이나 탄압, 타인에게 해를 입히도록 강요당함, 가족 및 중요한 의미를 지닌 사람들의 실종·사별·상처, 타인이 폭력당하는 것을 목격함, 뇌손상 등이 그것이다(Mollica, 2000). 북한이탈주민이 경험한 고문과 같은 외상(Trauma)은 예상할 수는 있으나 저항하기 어려운 위협적인 사건에서 비롯되기 때문에 이러한 외상사건이 발생했을 때, 개인은 남한 입국 이후에도 내적 혼란과 불안으로 인해 심리적 안정이 파괴되는 경험을 하게 된다. 따라서 외상상태는 관련된 외상사건을 재조직하고 분류하고 이해될 때까지 계속된다고 할 수 있다. 따라서 정신적 외상의 회복은 하나의 과정(Process)으로 이해될 수 있다(김현경, 2009). 또한 고문이 개인을 무력화시키고 고립화시키는 것이라면 사회적 지지와의 재결합을 촉진시키는 것은 고문으로 인한 후유증 치료의 목표가 되어야 할 것이다. 고문은 그 피해 당사자뿐만 아니라 그가 속한 사회와 공동체 전체에 피해를 입힌다는 사실을 명확히 밝혀야 하며 그렇게 밝힘으로써 다른 사람들과 사회단체들이 이 문제와 연결되어 공동의 힘을 발휘할 수 있도록 할 수 있기 때문이다. 일반적으로 고문생존자는 다음 몇 단계의 과정을 통해 무력한 피해자에서 생존자로 재생하도록 치료적 과정을 거친다고 제시되었다. Silove(1999)는 고문을 받은 난민의 통합적 치료과정에서 네 가지 체계를 고려해야 하는데, 그것은 안전체계, 정의체계, 존재－의미체계, 정체성－역할체계를 꼽고 있다. Herman(1992)은 안전, 기억과 애도, 다시 연계하기 단계를 제시하고 있다. 이렇게 외상

회복이 일련의 과정에 따라 이루어진다고 해도 그것이 선형적 과정이 아니라 비선형적으로 이루어진다는 점이다(Tedeschi & Calhoun, 1995).

그렇다면 고문과 같은 외상회복 및 치유의 첫 단계에 공통적인 내용을 살펴보면 내담자로 하여금 개인의 외상경험을 털어놓게 함으로써 안정화(Stablization) 내지 안전(Safety)을 느낄 수 있도록 해 주는 것을 제일 목표로 한다는 점이다. Herman(1992)은 이 단계에서 과거문제를 회피하지 말고 분명히 명명(Naming)하면서, 관련된 정서적 통제(Control)를 회복시킴으로써 안전한 환경을 설정할 수 있게 된다고 강조한다. Kinzie(2001)는 외상회복의 첫 단계에 주된 치료접근은 외상희생자가 자신의 고통경험을 이야기하는 것 자체에 두고 있다. 난민의 외상회복의 경우 과거에는 그들이 경험한 고통을 다시 이야기하도록 하는 것을 몇 가지 이유에서 부정적으로 인식하였다. 이유는 첫째, 과거의 상처를 되묻는 것은 정신건강을 더 악화시킨다는 것이며, 둘째, 이미 경험한 외상경험에 대해 어떠한 조치도 해 줄 수 없다는 것이며, 셋째, 정신분석의 영향으로 외상 전 개인성격이 외상 자체보다 더 중요한 조건으로 다루어졌기 때문이다. 그러나 오늘날 난민의 외상회복 및 회복방향은 다른 관점을 취하고 있다. 첫째, 심리적으로 더 악화되지 않으면서도 자신의 외상경험을 이야기할 수 있으며, 신체적인 호소를 하면서도 심리적 어려움을 이야기할 수 있기 때문에 그들의 심리적 어려움을 공감하면서 들어주는 것 자체도 치료적 효과를 지닌다고 하였다(Jeon, et al., 2001; 전우택, 2006에서 재인용). 즉 이야기를 통해 난민대상자의 실존적인 독특한 경험을 공유함으로써 좀 더 친밀감을 형성할 수 있으며 치료자의 공감적 경청은 난민 개인 자신이 이해받고 있다는 신뢰를 제공하게 된다. 이러한 회복적 관계(Healing

Relationship) 형성은 심리사회적으로 불안정한 상태에 있는 난민대상
자에게 안전감을 제공하는 초석이 된다고 할 수 있다(Herman, 1997;
Mollica & Lavelle, 1988; Kinzie, 2001에서 재인용). 외상회복의 두 번째
단계는 고통스러웠던 외상경험을 의식적으로 다시 이야기하게 함으
로써, 자신의 이야기 안에서 상황적 맥락, 사실, 정서 그리고 의미구
축을 시도하는 것이다(Herman, 1997). 즉 이야기의 재구성을 통해 외
상기억을 전환시키는 것이라 할 수 있다. 심한 고문을 받았던 사람이
나 자신의 신체적 증상의 완화가 없는 난민일지라도 개인의 어려움
을 지속적으로 반복하여 이야기하는 경우가 있는데, 이것은 자기 이
야기의 반복을 통해서 어떤 의미를 찾고자 노력하는 것으로 해석될
수 있다. 과거 외상의 반복적인 이야기를 통해 깊은 상실을 복원시키
려는 힘과 의미를 재구축하려는 능력은 회복에 중요한 한 과정이다.
난민 개인은 시간이 경과하게 되면서 자신의 반복적인 이야기를 통
해 과거 외상에 따른 강렬했던 감정들이 점차 약해지는 것을 경험하
게 된다. 따라서 과거에 대한 기억과 애도로 보냈던 시간들은 점차적
으로 축소된다는 점이다(Herman, 1997). 셋째 단계는 외상에 대한 영
향력에 대처하고, 외상의 의미를 통합하고, 대인관계에 적극적으로
연계함으로써 외상을 해결하고자 하는 것이다. 난민 개인은 회복에
기여하는 요인을 제공하는 대상자와의 관계 안에서 서로 주고받는
상호 공유되는 경험을 하게 된다. 이러한 경험은 개인의 심리적 성장
과 공통된 인간애의 끈으로 발전되고, 나아가 자신과 같은 경험을 하
고 있는 난민대상자를 위해 자신의 경험을 개방함으로써 타인의 삶
에 기여하고자 하는 이타심으로 발전된다. 정리하자면 타인과의 적극
적인 연계하기를 통해, 생존자로서의 임무를 실행하게 되는 것이 외

상해결에 기여하는 요인이 된다는 것이다(Herman, 1997; Kinzie, 2001). 학자에 따라서 넷째 단계로 해결될 수 없는 악의 문제, 즉 본국에서 자신을 고문했던 고문관처럼 아직도 지탱되고 있는 악한 존재에 대해서 어떠한 의미해석을 통해 회복에 이르도록 의미를 통합할 것인가를 좀 더 다루려는 단계라 할 수 있다. 이 단계에서는 의료적이며 과학적인 접근방법으로는 해결될 수 없다. 오히려 영성(Spirituality)의 개념으로 다루어지는 것이 합당하다고 보는 단계이다. 즉 난민 개인이 직면한 해결될 수 없는 어려움은 영성에 입각한 진리의 특성을 발전시켜 수용하면서 미래의 삶에 대한 발전을 기대하며 살도록 돕는 것에 있다고 볼 수 있다. 그러나 신앙적 측면에서의 진리 역시 분명한 해결을 제시하지 못할 수 있으며, 미래의 삶에 대한 발전 역시 불가능할 수도 있다. 그러나 난민대상자나 회복관계에 있는 전문가 모두 현실의 삶에 참여하여 지속적으로 기능할 수 있도록 하는 것에 초점을 두는 것이므로 영성의 공통된 길이 '신념(Belief)'이라는 속성임을 강조한다는 점이다(Kinzie, 2001).

변주나 외(2006)에서 제시된 바와 같이 고문을 경험한 북한이탈주민 개인들은 후유증에 대한 장기적 치료를 위한 정부의 노력을 원하고 있었으며, 심리적 안정을 위한 치료, 의료적 치료, 정신과 전문의와의 상담, 재활치료 역시 필요로 하고 있었다. 따라서 본 연구의 실천적 함의에서는 정신건강 전문가들은 고문과 같은 충격적인 외상을 경험한 난민이주자로서의 북한이탈주민들과의 접촉 및 실천과정에서 적극적인 치료적 관계를 형성해야 할 필요가 있음을 강조하고자 한다. 덧붙여 고문이나 조직화된 폭력은 한 사회의 정치적·구조적·문화적 생태와 연결되어 있음을 인식할 필요가 있겠다. 따라서 고문에 대한 통합된 예방활동은 고문의 사회정치적 원인을 개선시키려는 인권적 차원에서의 노력과 국제적인 전문가 지지연결망(International Professional Support Network) 구축 활성화를 강조하고자 한다.

## 〈참고문헌〉

강성록(2000), 「탈북자들의 외상척도 개발 연구」, 연세대학교 석사학위논문.

김아영(1997), 「학구적 실패에 대한 내성의 관련 변인 연구」, 『교육심리연구』, 1(2), 1~19.

국가인권위원회(2010), 「인권위, 탈북여성 인권상황 실태조사 발표: 북한, 제3국, 국내 정착 과정에서의 인권침해 사례」, 정책교육국 인권정책과.

최지연(2000), 「자기효능감과 스트레스 대처 방식이 지연행동에 미치는 영향」, 연세대학교 심리학과 석사학위논문.

김윤성 역(2008), 『고문의 역사』, 브라이언 이니스 지음, 경기: 도서출판 들녘.

김현경(2007), 「난민으로서의 새터민의 외상(trauma)회복 경험에 대한 현상학 연구」, 이화여자대학교 박사학위논문.

김현경(2009), 『현상학으로 바라본 새터민(탈북이주자)의 심리적 충격과 회복 경험』, 경기: 한국학술정보(주).

김현경·엄진섭·전우택(2008), 「북한이탈주민의 외상경험 이후 심리적 성장」, 『한국사회복지연구회』, 39, 겨울, 29~56.

변주나·정남옥·김윤태·유양경(2006), 「탈북자 고문피해 실태」, 『재외한인 연구』, 16, 81~108.

신선영(2009), 「삶의 의미와 사회적 지지가 외상 후 성장에 미치는 영향: 성장 적 반추를 매개 변인으로」, 가톨릭대학교 석사학위논문.

이민영·김현경(2007), 「새터민 여성의 이주로 인한 상실의 극복 체험-남한 남성과 결혼한 여성을 중심으로-」, 35, 525~554.

이상준(2005), 「가정폭력 경험 청소년의 탄력성과 보호요인」, 가톨릭대학교 박 사학위논문.

이영호·송종용(1991), 「BDI, SDS, MMPI-D 척도의 신뢰도 및 타당도에 대한 연구」, 『한국심리학회지: 임상』, 10, 98~110.

이창호·정승용·전우택(2003), 「고문에 대한 정신의학적 고찰」, 『대한신경정 신의학회』, 42(4), 34~44.

윤인진(2007), 「북한이주민의 건강과 경제적응의 관계」, 『보건과 사회과학』, 21, 65~96.

허성호·박은미·정태연(2008), 「탈북자의 C-PTSD 주된 증상 및 회피성향 개선 요소」, 『한국심리학회 연차학술발표대회 논문집』, 174~175.

전우택·윤덕룡·엄진섭(2004), 「남한 내 북한이탈주민들의 의식 및 생활만족도 연구」, 『신경정신의학』, 43(1), 93~104.

좋은벗들(1999a), 『두만강을 건너온 사람들』, 서울: 정토출판.

좋은벗들(1999b), 『사람답게 살고 싶소』, 서울: 성토줄판.

한반도평화연구원(2008), 「탈북자, 그 7년간의 삶들」, 제12회 한반도평화포럼.


북한인권시민연합, http://www.nkhumanrights.or.kr/

탈북자 동지회, http://www.nkd.or.kr/


Alcock, M.(2003), Refugee Trauma – the Assault on Meaning, *Psychodynamic Practice*, 9.3 August, 291~300.

Basoglu, M., Mineka, S. & Paker, M.(1997), Psychological preparedness for trauma as a protective factor in survivors of torture, *Psycholgical Medicine*, 27, 1421~1433.

Basoglu, M. & Paker, M.(1995), Severity of trauma as predictor of long –term psychological status in survivors of torture, *Journal of Anxiety Disorder*, 9, 339~350.

Basoglu, M., Paker, M., Özmen, E., Tasdemir, Ö., Sahin, d., Ceyhanh, Z., et al.(1996), Appraisal of self, social environment, and state authority as a possible mediator of posttraumatic stress disorder in tortured political activists, *Journal of Abnormal Psychology*, 105, 232~236.

Basoglu, M., Paker, M. & Paker, O.(1994), Psychological effects of torture: A comparison of tortured with nontortured political activists in Turkey, *American Journal of Psychiatry*, 151, 76~81.

Behnia, B.(2002), Friends and caring professionals as important support for survivors of war and torture, *International Journal of Mental Health*, 30(4), 3~18.

Beiser, M. & Hou, F.(2001), Language acquisition, unemployment and depressive disorder among Southeast Asian refugees: A 10 –year study, *Social Science Med*, 53, 1321~1334.

Benight, C. C. & Bandura, A.(2004), Social cognitive theory of posttrauamatic recovery: the role of perceived self efficacy, *Behavior Research and Therapy*, 42, 1129~1148.

Beck, A. T., Ward, C. H., Mendelson, M., Mock, J. & Erbaugh, J.(1961), An Inventory for measuring depression, *Archives of General Psychiatry*, 4, 561~571.

Conner, K. M., Jonathan, R. T. & Davidson, M. D.(2003), Development of a new resilience scale: the Connor—Davidson resilience scale(CD—RISC), *Depression and Anxiety*, 18, 76~82.

Chung, R. C., Kagawa—Singer, M.(1993), Predictors of psychological distress among Southeast Asian refugees, *Social Science Med*, 36, 631~639.

Ekblad, S., Prochazka, H. & Roth, G.(2002), Psychological impact of torture: a 3—month follow—up of mass—evacuated Kosovan adults in Sweden, Lessons learnt for prevention, *Acta Psychiatry Scand*, 412, 30~36.

Ehlers, A. Maercker, A. & Boos, A.(2000), Posttraumatic stress disorder following political imprisonment: The role of mental defeat, alienation, and perceived permanent change, *Journal of Abnormal Psychology*, 109, 45~55.

Feeney, J., Noller, P. & Hanharan, M.(1994), Assessing adult attachment, In M. Sperling & H. Berrnan(Eds.), *Attachment in adults: Clinical and developmental perspectives*, 128~152, New York: Guilford.

Foa, E. B., Zinbarg, R. & Rothbaum, B. O.(1992), Uncontrollability and unpredictability in post—traumatic stress disorder: An animal model, *Psychological Bulletin*, 112, 218~238.

Geneva Switzerland(1989), United Nations Convention against torture and other cruel, inhuman, and degrading treatment or punishment, In: United Nations, editors, Methods of combating torture, Geneva, Switzerland: United Nations Center for Human Rights, 17.

Gorst—Unsworth, C. & Goldenberg, E.(1998), Psychological sequelae of torture and organized violence suffered by refugees in Iraq: Trauma—related factors compared with social factors in exile, *British Journal of Psychiatry*, 172, 90~94.

Herman, J. Lewis(1997), *Trauma and Recovery*, Basic Books.

Hauff, E. & Vaglum, P.(1995), Organized violence and the stress of exile—predictors of mental health in a community cohort of Vietnames refugees three years after resettlement, *British Journal of Psychiatry*, 166, 360~367.

Hinton, W. L., Chen, Y. C., Du, N., Tran, C. G., Lu, F. G., Miranda, J. & Faust, S.(1993), DMS—III—R disorders in Vietnamese refugees: Prevalence and correlates, *Journal of Nervous Mental Disorder*, 181, 113~122.

Holtz, T. H.(1998), Refugee trauma versus Torture trauma: A retrospective controlled cohort study of Tibetan refugees, *Journal of Nervous and Mental Diseases*, 186(1), 24~34.

Horowitz, M., Wilner, N. & Alvarez, W.(1979), Impact of Event Scale: A measure of subjective stress, *Psychosomatic Medicine,* 41(3), 209~219.

Iacopino, V. & Heiser, M.(1996), Physician complicity in misrepresentation and omission of evidence of torture in post−detention medical xamination in Turkey, *JAMA,* 276(5), 396~402.

Jari, A. S., Samir, Q. & Raija−Leena, P.(2005), Adult attachment, posttraumatic growth and negative emotions among former political prisoners, *Anxiety, Stress and Coping,* 18(4), 361~378.

Jong, Kaz de., Ford, N. & Kleber, R.(1999), Mental health care for refugees from Kosovo; the experience of Medecines Sans Frontieres, 353, Aug, 1616~1617.

Kanninen, K., Punamäki, R. L, & Qouta, S.(2002), The relation of appraisal, coping efforts and acuteness of trauma of PTS−symptoms among former political prisoners, *Journal of Traumatic Stress,* 15, 245~253.

King, L. A., King, D. W., Fairbank, J. A., Keane T. A. & Adams, G. A.(1998), Resilience−recovery factors in post−traumatic stress disorder among femail and male Vietnam veterans: hardiness, postwar social support, and additional stressful life events, *Journal of Personality Social Psychology,* 74, 420~434.

Kim, H. K. & Lee, O. J.(2009), A Phenomenological Study of the experience for North Korean Refugees, *Nursing Science Quarterly,* 22(1), 85~88.

Kinzie, J. D.(2001), Psychotherapy for Massively Traumatized Refugees, American *Journal of Psychotherapy,* Fall, Vol.55 Issue 4, 475~491.

Lazarus, R. S. & Folkman, S.(1984), *Stress, Appraisal and coping,* New York: Springer.

Lopes, C. B., Vergara, A., Agani, F. & Gotway, C. A.(2000), Mental health, social functioning and attitudes of Kosovar Albanians following the war in Kosovo, *Journal of American Medical Association,* 5, 569~577.

Martin, L. L., Tesser, A. & McIntosh, W. D.(1993), Wanting but not having: The effects of unattained goals on thoughts and feelings, In D. M. Wegner & J. W. pennenbaker(Eds.), *Handbook of mental control,* 552~572, Englewood Cliffs, NJ: Prentic Hall.

Mahtani Aruna(2003), The Right of Refugee Clients to an Appropriate and Ethical Psychological Service.

Michael, A. G., Linda, P, Derek, F., Alexander, R. B. & Robert, B. S.(2008), Treating survivors of torture and refugee trauma: A priliminary case series unsing Qigong and T'ai Chi, *The Journal of Alternative and Complementary Medicine,*

14(7), 801~806.

Muller, R. T. & Lemieux, K. E.(2000), Social support, attachment and psychopathology in high risk formerly maltreated adults, *Child Abuse and Neglect*, 24, 883~900.

Mollica, R. F., Donelan, K. et al.(1993), The effect of trauma and confinement on functional health and mental health status of Cambodians living in Thailand — Combodia border camps, *JAMA*, 270(5), 581~586.

Molica, R. F.(2000), The special psychiatric problems of refugees, In Gelde, M., Lopez — Lbor J, Andreason N.(Eds.), *New Oxford textbook of Psychiatry(2)*: Oxford University press.

Molica, R. F., Henderson, D. C. & Tor, S.(2002), Psychiatric effects of traumatic brain injury events in Cambodian survivors of mass violence, *British Journal of Psychiatry*, 181, 339~347.

Newman, J. S., Pargament, K. I.(1990), The role of religion in the problem — solving process, *Review of Religious Research*, June, 31(4), 390~345.

Papadopoulos, R. K.(2001), Refugee families: issues of systemic supervision, The Association for Family Therapy, *Journal of Family Therapy*, 405~422.

Punamäki, R. L., Kanninen, K. & Qouta, S.(2002), The role of defenses in moderating and mediating between trauma and post — traumatic symptoms among Palestinian men, *International Journal of Psychology*, 37, 286~296.

Robertson, C. L., Halcon, L., Savik, K., Johnson, D., Spring, M., Butcher, J., Westermeyer, J. & Jaranson, J.(2006), Somali and Oromo refugee women: trauma and associated factors, *Issues and Innovation In Nursing Practice*, 13, 577~587.

Rothbaum, F., Weisz, J. R. & Synder, S. S.(1982), Changing the world and changing the self: A two — process model of perceived control, *Journal of Personality and Social Psychology*, 42, 5~37.

Schweitzer R. Melville, F., Steel, Z. & Lacherez, P.(2006), Trauma, post — migration living difficulties and social support as predictors of psychological adjustment in resettled Sudanese refugess, *Australian and New Zealand Journal of Psychiatry*, Vol.40, 179~187.

Shrestha, N. M., Sharma, B., Van Ommeren, M., Regmi, S., Makaju, R. & Komproe, I.(1998), Impact of torture on refugees displaced within the developing world: Symptomatology among Bhutanese refugees in Nepal, *JAMA*, 280, 443~448.

Siegel, K., Anderman, S. J. & Schrimshaw, E. W.(2001), Religion and coping with health — related stress, *Psycholoy and Health*, 16, 613~653.

Silove, D., Steel, Z., Mcgorry, P., Mohan, P.(1998), Trauma exposure, post－migration stressors and symptoms of anxiety, depression and post－traumatic stress in Tamil asylum－seekers: Comparison with refugees and immigrants, *Acta Psychiatriy Scand,* 97, 175~181.

Silove, D.(2000), The psychosocial effects of torture, mass human rights violations, and refugee trauma: Toward an integrated conceptual framework, *The Journal of Nervous & Mental Disease,* 187(4), April, 200~207.

Silove, D.(2000), Trauma and forced relocation, *Current Opinion Psychiatry,* 13, 231~236.

Skylv, G.(1992), The physical sequelae of torture. In M. Basoglu(Ed.), *Torture and its consequences,* 38~55, Cambridge, U. K: Cambridge University Press.

Stepakoff, S., Hubbard, J., Katoh, M., Falk, E., Mikulu, J. B., Nkhoma, P., Omagawa, Y.(2006), Trauma healing in refugees campas in guinea: A psychosocial program of Liberian and Sierra Leonean sruvivors of torture and war, *American Psychologist,* 61(8), 921~932.

Tedeschi, R. & Calhoun, L.(1995), *Trauma & transformation: Growing in the aftermath of suffering,* Thousand Oaks, CA: Sage.

Tedeschi, R. & Calhoun, L.(1998), Beyond recovery from trauma: Implications for clinical practice and research, *Journal of Social Issues,* Vol.54, No.2, 357~371.

Tedeschi, R. & Calhoun, L.(1999), *Facilitating posttraumatic growth: A clinician's guide,* Mahwah, NJ: Lawrence Erlbaum Associates, Publishers.

Tedeschi, R., Park, C. & Calhoun, L.(1998), Posttraumatic growth: Conceptual issues, In Tedeshi, R., Park, C. & Calhoun, L.(Eds.), *Posttraumatic growth: positive changes in the aftermath of crisis,* Mahwah, NJ: Lawrence Erlbaum Associates, Publishers, 1~17.

# II

북한과 중국에서의 생활과 탄력성 발휘:
북한이탈여성의 삶을 중심으로

# 1. 서론

남한에 입국하여 살고 있는 북한이탈주민의 숫자는 2010년 12월을 기준으로 이미 2만 명을 넘어섰다. 남녀비율의 경우 2004년부터 여성의 수가 남성의 두 배로 증가하게 되면서 2006년부터는 세 배에 이르는 현상을 보이고 있다. 거의 매해 총 입국자의 70%가 여성이며 20~40대가 주류를 이루고 있다(통일부, 2011). 하지만 북한이탈여성의 경우 다른 출신의 다문화권 이주여성들과는 달리 난민인 동시에 남한 입국과 동시에 대한민국 국민으로 인정받고 있다. 일반적 절차는 남한 입국 즉시 종합합동심문소에서 탈북 및 국내 입국 경위와 신분을 확인받은 후 하나원에서 남녀가 분리되어 3개월간 국내적응 교육을 받게 된다. 특히 북한이탈여성은 탈북과정에서 불법적으로 제3국에 체류하면서 성폭력, 인신매매로 인한 매춘, 무국적자로서 중국남성과의 사실혼관계 및 사생아 출산문제 등을 겪게 되어 남한 입국 후에도 심리적 충격으로 인한 불안, 우울, 외상 후 스트레

스 장애, 신체질환을 남성보다 더 많이 호소하는 것으로 나타났다
(이민영·김현경, 2007). 그럼에도 불구하고 남한에 장기 거주하게 되
면서 그러한 증상들은 점차 회복되어 가는데(김현경, 2007, 2009), 그
러한 북한이탈여성의 회복력 특성으로서의 탄력성(Resilience) 발휘에
근간이 될 수 있었던 생애경험이란 어떠한 것인지 드러낸 연구는 거
의 드물다. 환경 속에서 인간인 대상자의 현재를 이해하기 위해서는
그들의 과거 경험에 대한 선(先)이해는 상당히 중요한 의미를 갖는다
고 볼 수 있다. 특히 난민이주자인 북한이탈여성의 경우 현재도 국내
외적으로 인권적 개입이 요구되는 대상자일 만큼 다양한 어려움에
처해 있음이 분명하고, 2010년에만 북한이탈여성의 남한 입국은 전체
입국자의 77%를 차지할 정도에 이르고 있다. 따라서 본 연구의 목적
은 북한이탈여성이 난민이주자로서의 역경과 고난을 견디어 내며 생
존 가능하게 해 주었던 강점으로서의 탄력성이란 어떠한 의미였는지
탐색하고 그녀들의 탄력적 강점을 강화시킬 수 있는 여성주의 실천
에 기반을 둔 논의를 전개하고자 한다.


## 2. 문헌고찰

### 1) 탄력성(Resilience)의 관점

'탄력성'에 대한 완전한 개념적 정의는 없으나 일반적으로 긍정적
대처(Positive Coping), 적응(Adaptation) 그리고 지속성(Persistence)과 맞
물려 사용되고 있다. 탄력성이란 부정적인 생활 사건들, 외상, 스트레

스 그리고 위험의 다른 형태들에 대해서 예측할 수 없거나 또는 눈에 띄게 성공적으로 적응하는 것으로서 과도한 역경 상황에서 무엇이 개인으로 하여금 잘 기능하도록 돕는지를 안다면 그 지식을 실천전략들에 통합시키는 것이 가능할 것이다. 따라서 탄력성의 주요 가정은 다음과 같다. ① 생물심리 사회적이며 영적인 현상이다. ② 인간과 환경 교환의 상호 교류적 역동과정을 포함하고 있으며, 적합성의 적응과정을 포괄한다. ③ 독특한 발달행로를 경험하면서 개인, 가족 그리고 지역사회와 함께 전 생애 과정에서 발생한다. ④ 생활 스트레스와 사람의 독특한 대처능력과 연결된다. ⑤ 일상 기능에서의 역량을 포함한다. ⑥ 하나의 연속선상에 있을 수 있으며 위험의 반대 측면에 위치한다. ⑦ 위험요인과 조합하여 효과를 가지면서 상호작용적일 수 있으며, 권력 차이의 영향을 받는다. ⑧ 인종, 민족, 성별, 연령, 성 취향, 경제적 지위, 종교적 연계 그리고 신체 및 정신적 능력을 포함한 다양성에 의해 영향을 받는다. ⑨ 가정, 학교, 또래집단, 이웃, 지역사회 그리고 사회를 포함하는 인접 및 원거리 모두의 다중 수준 애착에 의해 표현되고 영향을 받는다. ⑩ 환경 자원의 가용성의 영향을 받는다. 나아가 탄력성은 강점 관점 측면에서 클라이언트의 능력, 역량, 지식, 생존기술, 비전, 가능성, 희망의 관점을 중요시하며, 생태 체계적 관점 측면에서 생애과정, 관계성, 영향을 미치는 복합적 체계들, 교류, 다양한 지역사회와 삶의 발달에 조화되는 실천을 강조한다(양옥경 외 역, 2004).

## 2) 북한이탈여성의 북한과 중국에서의 생애 관련 선행연구

우선 북한문화에서 바라보는 여성 관련 개념은 그들의 『조선말대
사전』에 등록된 몇 가지 해석을 살펴보면 쉽게 이해할 수 있다. 우선
'녀자'는 ① 녀성으로 태어난 사람, ② 좁고 옹졸하고 잘고 섬세한 사
람을 형상적으로 이르는 말로 뜻풀이된다. '주인'이란 남편을 달리 이
르는 말이며, '어른'이란 ① 성년이 된 나이의 사람, ② 남의 아버지를
높여 이르는 말이다. '출처'는 ① 안해를 내쫓는 것, ② 리혼하여 인연
을 끊은 안해(아내), ③ 사망하여 안해를 잃는 것이며, '간통'이란 남편
이 있는 여자와 그의 남편이 아닌 다른 남자가 비도덕적인 성관계를
맺는 것으로 해석되어 있다. 간통이란 남녀의 공동행위임에도 여성을
먼저 언급함으로써 부정적 행위의 주체로 부각시키고 있다. '수세'란
리혼의 증서로서 남자가 여자에게 준다고 되어 있다(이정복, 2007).

또한 북한에서 여성의 일차적인 임무는 자녀양육으로 북한체제가
필요로 하는 구성원을 훌륭히 교양하는 어머니의 역할을 강조하고
있다. 그러한 목적으로 여성들을 교양하는 방법 중 하나가 '어머니학
교'와 '전국어머니대회 개최'라고 볼 수 있다.[1] 동시에 여성은 김일성
의 처인 김정숙을 모델로 삼아 '혁명투사'로서, '현모양처'로서, 남편
의 '충직한 친위전사'로서의 성공적 역할을 따라야 한다고 강조하고
있다. 이는 여성은 '사회의 한쪽 수레바퀴를 떠밀고 나가는 역군'으로
서 사회주의 건설에 필요한 노동력이 됨을 주지시키는 것이다. 이러

---

1) 『조선녀성』에서는 당의 정책을 홍보, 문맹퇴치, 자녀교육방법, 위생, 보건문제, 옷과 음식 만드는 방법, 탁아
소 운영, 여맹사업에 관한 여성 관련 교육계몽을 한다. 이런 어머니학교가 1968년 기준으로 북한 전국 11
만 2,000개가 있고 217만 명이 가입되었다고 하니 당시 여맹의 주요사업으로 추진되었다고 보인다.

한 배경은 북한의 「남녀평등권법령(1946)」에 담긴 내용으로부터 파악
될 수 있다. 핵심은 "녀성들은 국가, 경제, 문화, 사회, 정치생활, 선거,
로동의 권리, 임금, 사회적 보험, 교육, 자유결혼, 부부관계, 아동양육
비, 상속 등의 모든 영역에서 남성과 동일한 평등권을 갖는다"는 것
이다. 나아가 같은 해에 평양에 국가자금으로 운영되는 3·8탁아소를
설립하여, 1970년대에 이르러 학령 전 어린이의 70% 이상이 탁아소
와 유치원에서 국가사회의 부담으로 성장했다. 여성노동력의 효율적
동원을 위해 양육부담을 덜어 주려는 당국의 노력은 「여성 상담소에
관한 규정(1948. 12. 3)」 및 「산원에 관한 규정(1949. 10. 29)」,[2] 「어린
이 보육교양법(1976. 4. 29)」,[3] 「노동자 및 사무원에 대한 노동법령
(1978. 4. 18)」[4]에서 나타나고 있다(김석향, 2006; 이미경, 2005). 하지
만 북한사회문화에서는 최고지도자인 수령의 권위가 곧 법이며 규범
으로 규정하여 가부장제적 가장의 이미지를 국가수령과 가정의 남성
에게 적용시켜 안해(아내)는 혁명적 현모양처의 도리와 공경을 다해
야 하며, 인민군대와 병사들의 어머니로서, 고아의 어머니로서, 효부
효녀로서, 사회주의 혁명의 역군으로서 기능해야 했다. 이는 북한여
성에게 모성이데올로기의 실천과 사회경제활동에 기여하는 노동생
산자라는 이중 고통을 부여하는 사회문화체계라고 할 수 있다. 1990
년대 고난의 행군이 시작되면서 북한여성에 대한 국가의 모성보호
조치는 열악해졌고, 생계를 위해 경제활동에 내몰렸으며 그 과정에서

---

2) 사회주의 노동법에 6개월 이상 된 임산부의 경노동 전환과 임산부의 야간노동 금지규정, 다산분만 여성의
건강보호를 강조한다.

3) 한꺼번에 둘 이상의 어린이를 낳아 키우는 어머니에게는 유급으로 인정한 산후휴가를 더 준다. 3명 이상의
어린이를 가진 여성근로자들의 하루 노동시간을 6시간으로 한다. 서서 일하는 여성의 경우는 1시간에 10
분씩 휴식하도록 함이 주된 내용이다.

4) 1년 이내의 유아에 한해 1일 2회, 30분씩 유급 수유시간의 보장을 규정함이 주된 내용이다.

탈북하여 중국에 체류하는 동안 공안의 추격과 불법체류자의 지위를 악용하는 브로커와 현지인 등으로부터 착취와 폭력에 노출되어 있다. 북한이탈여성의 경우 교화소 등의 수감생활 또는 국경을 넘는 과정, 제3국 체류 중에도 죽음에 직면하는 다양한 위험요인들에 노출되어 되지만 특히 생존을 위한 매매결혼과 성폭력(성고문)의 위험요인에 노출된다는 점이 북한이주남성과는 구별되는 외상(Trauma) 요인이 되고 있다(이애란, 2008; 최진희, 2005). 생계가 가능치 않은 상황에서 여성의 성(Sexuality)은 다른 자원을 얻을 수 있는 유일한 수단이며 자신과 가족생계를 위해 몸을 팔아야 하고 성폭력도 감내해야 하는 여성들은 그 자체로 폭력의 대상이 되는 것이다. 국제적으로 여성에 대한 박해는 성폭력의 형태로 나타나기 때문에 1995년 유엔난민기구(UNHCR)는 '난민에 대한 성폭력 가이드라인'을 설정하여 이를 생명권을 위협하는 젠더박해로 규정하고 있다(민지원, 2003). 최근 연구들(박정현, 2006; 노옥재, 2003; 심영희, 2006; 홍욱화, 2003; 이승진, 2005; 민지원, 2003; 이화진, 2010)에서는 북한이탈여성의 인권문제가 주요 이슈로 부각되면서 북한여성들이 극심해진 식량난으로 인해 생계부양과정에서 발생되는 여성의 생존권, 경제활동권, 결혼과 가족, 몸과 성에 대한 권리, 강제송환과정과 인신매매 등 다양한 맥락에서 가해지는 폭력의 심각성을 강조하며 여성주의 시각에서의 지원의 필요성을 제기하고 있다.

## 3) 북한이탈여성의 탄력성과 생애 관련 선행연구

북한이탈여성에 관련된 대다수의 기존 선행연구들과 달리 그녀들의 생존과정에서 발휘하게 되는 탄력성을 중심으로 실행된 연구는 거의 드물다. 최근 김태현·노치영(2003)은 재중 북한이탈여성의 삶을 다루고 있는 질적 연구를 통해 북한이탈여성의 생존전략의 의미를 드러내었다. 분석결과로 '중국여자로 위장하기', '감정 드러내지 않기', '조선여자임을 인정하고 참고 살기', '결혼하기', '임신을 보류하기', '주위사람을 경계하기', '또 다른 탈출구를 찾기'로 정리하고 있다. 물론 관련 연구자는 그와 같은 분석결과에 북한이탈여성의 탄력성을 연계하여 설명하고 있지는 않다. 하지만 본질적인 내용을 좀 더 심층적으로 분석해 보면 북한이탈여성들이 중국에서 불법신분자로 생존하기 위해 그들이 행할 수 있는 최대한의 안전을 유지하는 방편으로서의 탄력성을 보여 주고 있다고 보인다. 사회관계적 지지망을 확보하기 위해 중국남성과 결혼하거나, 버림받지 않기 위해 중국남성과의 결혼생활에서 고분고분하게 감정을 삭여야 하고, 헌신적 모성 이념을 갖고 있으나 중국에서의 불안정한 결혼생활을 인식하고 임신을 조절하며, 신분노출을 감추기 위해 주위사람을 경계하고, 임시거처인 중국을 벗어나기 위해 적극적으로 한국행을 고려하는 행위들은 북한이탈여성에게 노출된 위험요인들에서 최대한 벗어나 삶의 희망을 성취할 수 있는 방향으로 끊임없이 역동과정을 추구하는 것으로 파악되었다. 따라서 본 연구자는 북한이탈여성 작가의 생애 수기(최진이, 2005) 내용을 바탕으로 비록 고단했던 북한과 중국에서의 삶이지만 그 속에서 드러난 탄력적 생의 역동의 의미구조를 파악해 보고자 한다.

# 3. 연구 질문

본 연구에 대한 질문은 "북한이탈여성의 북한과 중국생활에서의 탄력성이란 어떠한 것인가?"이다.

# 4. 연구방법

## 1) 파시(Parse)의 인간 되어 감 연구방법론

파시의 '인간 되어 감 이론(Human Becoming Theory)'은 현상학적－해석학적 연구방법론이며 여기서 '되어 감'은 가능성을 가지고 초월하는 상호 주관적 과정(An Intersubjective Process of Transcending with Possibles)과 인간 드러냄(Human Unfolding)이라 하였다(Parse, 1992, 35~42). 이는 북한이탈여성을 독특한 상황적 존재로서 인정하고, 그녀가 자신의 환경과 함께 변화해 가는 의식적 존재로서 자신의 삶을 드러내는 데 적극적으로 참여한다는 점과 방법론적으로 연계될 수 있다. 인간은 상호 관계를 통해 지속적으로 현실을 공동 구성하며, 새로운 관계유형을 공동 창조하면서, 우주의 영역에서 가능성을 가지고 공동 초월한다고 보는(Parse, 1992: 35~42), 파시의 인간 되어 감 이론 방법론과 공통된 맥락을 가지므로 본 연구분석에 적합한 것으로 보았다. 파시의 인간 되어 감 연구방법에 따른 기본적인 세 개의 원리와 아홉 개의 개념을 <표 Ⅱ－1>에서 설명하고 있다.

〈표 Ⅱ-1〉 인간 되어 감의 원리

| 원리 | 원리 내의 개념 |
|---|---|
| 1. 다차원적으로 의미를 구성한다는 것은 가치화와 상상화의 언어화를 통해서 현실을 공동 창조하는 것이다. | 상상화는 동시에 명백한-잠잠한 앎을 알도록 하는 반성적-전반성적인 앎의 과정이다. |
| | 가치화는 개인이 자신의 세계관에서 소중하다고 생각하는 신념에 대하여 순응-불순응하는 과정이다. |
| | 언어화는 말함-조용히 있음과 움직임-정지함을 통해 가치화된 이미지를 나타내는 것이다. |
| 2. 율동적인 관계형성의 패턴을 공동 창조한다는 것은 노출-은폐, 가능-제한, 연결-분리의 역설적인 단일체로서 살아가는 것이다. | 노출-은폐는 동시에 열려 있는-닫혀 있는 것이다. |
| | 가능-제한은 선택하는 모든 것에는 기회-제한이 동시에 존재한다는 것이다. |
| | 연결-분리는 타인, 사고, 사물과 상황과 함께 있는 동시에 떨어져 있는 것이다. |
| 3. 여러 가지 가능성을 가지고 공동 초월한다는 것은 변형과정에서 자신의 독창성을 독특한 방식으로 강화하는 것이다. | 강화성은 비존재의 측면에서 존재의 확인-미확인하는 추진-저항의 과정이다. |
| | 독창성은 삶의 확실성-불확실성 속에서 순응-불순응하는 새로운 방식을 개발하는 것이다. |
| | 변형성은 익숙함-생소함의 관점이 변화하는 것으로서, 신중한 방식으로 새로운 견해를 공동으로 구성하는 변화에 대한 변화의 과정이다. |

주: From the Human Becoming School of Thought(35~58), by R. R. Parse, 1998, Thousand Oaks, CA: Sage Publication; 노춘희 외, 2007: 40에서 재인용.

(1) 원리 1: 인간 되어 감은 인간이 경험의 의미를 부여함으로써 현실을 구성해 나간다는 것을 의미한다. 인간은 의미(Meaning)를 가치화(Valuing), 상상화(Imaging), 언어화(Languaging)를 통해서 공동 창조한다. 가치화란 신념을 선택하며 살아가는 과정으로 순응(Confirming)-불응(Not-Confirming)이라는 역설적인 면이 있다. 상상화는 명백한 앎과 잠잠한 앎의 과정을 통해 관념이나 사건의 실체를 그리거나 구성하는 역설적인 면을 갖는다. 언어화는 말함-조용함, 움직임-정지함을 통하여 의미화를 표현하는 것이다. 인간은 언어화를 통해 타인과 독특한 현실을 상징화하

고 의미를 공유하게 된다.

(2) 원리 2: 인간 되어 감은 우주와 함께 되어 감(Becoming)의 방식을 역동적이고 율동적(Rhythmicity)으로 공동 구성한다. 관계의 율동적 패턴은 노출-은폐, 가능-제한, 연결-분리로 구성된다. 노출-은폐란 과거에 받아들인 생각, 감정, 신념, 언행 등을 드리내거나 감추는 과정을 통하여 인간의 행동과 목적을 구체화하면서 새로운 가능성을 추구하는 것을 뜻한다. 가능-제한이란 소중히 여기는 신념을 확인하고, 가능과 제한이 동시에 공존하는 상황을 선택하여, 고유한 인간이 자신의 독창성과 자율성을 확인하는 것이다. 마지막으로 연결-분리란 한 현상과는 연결되고 다른 현상과는 분리되면서 개인의 독특한 현실을 언어적-비언어적으로 상징화함으로써 환경과의 공동 참여를 통해 일어나는 변화이다.

(3) 원리 3: 인간 되어 감은 익숙한 것과 생소한 것을 새롭게 바라보고 가능성들을 공동 창조하는 것이다. 인간이 아직 되지 않은 것을 열망하며 그것을 초월하려 하는 것을 말한다. 초월성(Transcending)은 개인의 독창성(Originating)을 독특한 방식으로 강화성(Powering)과 변형성(Transforming)을 이루는 과정을 경험하는 것이다.

## 2) 파시의 인간 되어 감 연구방법론의 분석과정

### (1) 추출-종합과정(Extraction-Synthesis)

Parse 연구방법은 현상학적이고 해석학적인 연구방법으로 사람이 어떠한 삶을 영위하는지에 대한 기술로 체험(Lived Experience)의 본질에 관한 연구이다. 체험의 의미를 묘사하는 파시의 인간 되어 감 연구방법과정은 다음과 같다(Parse, 1987: 176, 1992: 37, 2001: 171).

① 참여자의 언어를 적은 기록에서 그 경험의 주요내용(Assence)을 추출한다.

② 추출된 주요내용을 연구자의 언어로 종합한다.

③ 연구자의 언어로 종합한 추출내용에서 언어-예술(language-Art)을 만든다. 파시의 연구방법에서는 참여자의 '체험'을 있는 그대로 언어화한 것을 '언어-예술'이라고 표현하고 있으며, 이는 참여자의 체험을 명제화한 것을 말한다. 인간 되어 감 이론에서는 인간을 이해하는 학문의 '예술'적 요소로서 삶에 대한 개인의 관점을 존중한다.

④ 만들어진 언어-예술에서 핵심개념(Core Concept)을 다시 뽑아낸다. 구조(Structure)는 언어-예술의 중심 의미인 핵심개념(Core Concept)을 구조화한 관념이다.

⑤ 추출된 구조를 체험의 구조로 전환시켜 종합한다.

(2) 발견적 해석(Heuristic Interpretation)

해석과정은 체험의 구조를 이론과 연결시키는 작업이며 논리적이고 추상성이 높은 창조적인 과정이다. 이 과정은 구조적 통합과 개념적 해석과정을 거친다. 구조적 통합과정에서는 형성된 구조를 인간 되어 감 이론의 구조로 통합하고, 개념적 해석과정에서는 인간 되어 감 이론의 개념을 사용하여 체험의 구조를 구체화한다. 본 연구자는 총체적인 느낌으로 북한이탈여성의 북한과 중국에서의 탄력적 삶을 이해하고자 하였다. 이에 관련하여 북한이탈여성 작가의 수기

(최진이, 2005) 내용을 구조적으로 통합하는 과정에서 인간 되어 감 이론의 개념과 연결하였다.

## 3) 본 연구의 설계

본 연구는 난민이주자인 북한 출신 여성이 본국 및 제3국에서 고통스러운 삶의 체험에서의 의미−관계−초월적 변화과정을 탐색하는 데 존재론적이고 인식론적인 Parse의 인간 되어 감 방법을 사용하였다. 본 연구의 텍스트는 다큐에 참여했던 범죄피해 대상자의 체험이 담긴 2차 자료라고 할 수 있다. Parse는 영화 <쇼생크 탈출>에 인간 되어 감 해석학적 방법론(The Human Becoming Hermeneutic Method)을 적용하여 감독 킹(King)과의 대화를 통해 '인간의 체험으로서 자유란 무엇인가?'라는 연구 질문에 대한 해답을 얻고자 하였다(Parse, 2007: 148~154). 또한 뮤지컬 <오즈의 마법사>에서 나타난 인간의 체험으로서 지혜, 동정심 그리고 용기란 어떠한 것인지에 대한 응답을 얻고자 인간 되어 감과 아동문학을 적용하였다(Baumann, 2008: 322~329). 이와 같이 Parse의 방법론은 영화, 영화 시나리오, 출간된 텍스트, 동화와 같은 단편 이야기, 뮤지컬에 나타난 참여자 또는 도큐먼트로부터 기술된 인간의 체험(Lived Experience)적 자료를 활용하여 연구하는 것이 가능하다고 제시하고 있다(Parse, 2001: 168; Parse, 2007: 148~154; Baumann, 2008: 322~329). 또한 인간−삶−건강에 대한 체험을 내담자가 속한 사회와 예술(비평, 미술, 사진, 그림, 연극, 영화)의 고찰을 통해 개별성, 보편성, 의미화 그리고 역설로서 반영하였다(노춘희 외, 2007: 29). 인간 되어 감 이론에 따르면 인간 삶의 변화패턴을 보여 주는 다양한 매체와 문헌에서 기술된 인간의 체험적 내용을 포괄적으로 활용하여 분석할 수 있다(Parse, 2001: 168). 인간 되어 감 해석학적 방법은 인간의 체험에서 나타나는 텍스트나 예술형태(Artform)로부터 나타나는 인간체험의 의미를 발견하고자 하는 것이다. 이를 위해 연구자는 텍스트나 예술형태와 끊임없이 통찰력 있는 대화를 나누면서 고요한 시선으로 해석하며 마음속에 떠오르는 것들을 이해하려는 것이 중요하다. Parse는 이러한 과정을 연구자와 해석가의 대화(Dialogue)라고 명명하였다(Parse, 2009: 76). 본 연구에서는 북한이탈여성 작가가 북한과 중국에서의 생존과정에서 발휘하게 된 탄력성이 담긴 텍스트를 Parse의 연구방법에 따라 분석하고자 하였다. 이는 인간 되어 감 방법의 적용에 있어서 인간 삶의 변화패턴을 보여 주는 다양한 문헌에서 기술된 인간의 경험적 내용을 포괄적으로 활용하여 분석할 수 있다는 근거에 따른 것이다(Parse, 2001: 168).

## 4) 본 연구대상자의 특성

본 연구대상자는 북한의 가부장적 군사문화와 장기간의 고난의 행군에 따른 굶주림의 시련을 겪으면서 탈북을 결심했던 40대의 북한여성 작가 최진이다. 그녀는 '국경을 세 번 건넌 여자'라는 자서전적 기록을 통해 자신의 생애를 정리하면서 북한과 제3국에서 여성으로 살아왔던 시절을 반성적으로(Reflective) 회고한다. 1999년 남한에 아들과 함께 입국하였고 국내 대학에서 여성학을 전공하면서 북한이탈주민의 인권향상을 위해 노력하고 있다.

## 5) 자료 수집방법

본 연구에서는 북한이탈여성이 북한 및 제3국에서의 삶의 실제 (Reality)를 있는 그대로 진술하고 적극적으로 드러내고 있는 자서전적 기록을 수집하여 분석하였다. 이러한 2차 자료 수집의 경우 비관여적 자료 수집(Unobtrusive Research)방법이기에 연구자와 참여자 간에 직접적인 상호작용이 포함되어 있지는 않다는 제한점이 있다(황성동, 2007: 247). 이에 질적 연구들 중 키르슈(Kirsch)는 이민여성의 자서전 자료를 활용하여 객관적 해석학의 사례로 활용하였으며, 아우펜앙거 (Aufenanger)는 미디어 연구에서 해석학적 사례를 재구성함으로써 재구성적 방법을 위한 자료토대로 활용하였다(이효선, 2005: 37~90). 체험적 자료로서 자서전적 기록이야말로 개인의 체험을 깊이 있게 담고 있는 자료라고 판단되었다. 북한이탈여성이 한 여성으로서 감추고 싶은 은밀한 치부까지 고스란히 드러내고 있는 체험적 자서전을 발간한 생존자는 현재까지 거의 드물기 때문이다. 동시에 한 인간으로서 생존을 향한 집념과 탄력성을 잘 담아낸 그녀의 생애기록은 본 연구자가 의도한 연구 질문에 적합한 자료로 보였다.

## 6) 연구의 엄격성

본 연구에서는 구바와 링컨(Guba & Lincohn, 1981)이 제시한 질적 연구의 네 가지 평가기준인 사실적 가치, 적용성, 일관성, 중립성에 기반을 둔 연구의 엄밀성(Rigor)을 따르고자 하였다. 첫째, 사실적 가치 (True Value)는 연구의 발견이 얼마나 실제를 정확히 측정하였는가를 말하는 것으로써, 현상을 얼마나 생생하고 충실하게 서술하였는가를 말한다. 이는 연구참여자에 의하여 또는 독자들로 하여금 경험에 대한 서술과 해석이 얼마나 자신의 경험으로 믿을 수 있는가를 측정하는 것이다. 따라서 연구에 있어서 사실적 가치 측면의 반영을 위해 연구자는 북한이탈주민 및 국제난민이주자에 관한 전문서적, 영화·다큐멘터리, 북한이탈주민 관련 인터넷 사이버 웹의 자료 등을 꾸준히 접하면서 본 연구대상자가 진술한 내용과 비교하고 반영하는 과정을 거쳤다.

둘째, 적용성(Applicability)은 연구결과의 적합성을 말한다. 질적 연구에서는 비록 표본 수는 적을지라도 통계학적으로 하는 것이 아니므로 특수집단에 소속된 어떤 대상자도 그 집단을 대표할 수 있다. 중요한 것은 정보 제공자가 실제 체험을 충분히 잘 묘사할 수 있고 제시할 수 있는가이다. 또한 연구결과는 연구가 이루어진 상황 밖에서도 적합한지 그리고 독자들이 연구결과를 읽고 자신들의 고유한 경험을 비추어 보았을 때 의미 있고 적용력이 있는 것으로 적합성을 평가한다. 연구의 적용성을 고려하여 본 연구자는 북한에서 출생하여 남한에 입국하기 전까지 본국과 제3국에서 생활한 북한 난민여성으로서 과거 자신의 체험을 풍부하게 전달해 준 기록물, 텍스트에 초점을 두었다.

셋째, 일관성(Consistency) 평가는 연구결과의 반복되는 정도를 의미한다. 질적 연구는 감각을 통해 검증할 수 없는 현실 속의 사람들의 체험과 환경의 독특성을 강조하므로 공통적인 반복이 아니라 경험의 다양성을 강조한다. 같은 방법을 활용한 본 연구자가 같은 결과를 얻을 수 있을 때 충족되며, 연구자의 자료, 견해, 주어진 상황에 대해 반대적인 결론을 내리지 않는 비교되는 결론을 내려도 이 기준은 충족된다고 하였다. 또한 일관성을 강조하기 위해 제시된 감사성(Auditability)은 연구자에 의해 사용된 '분명한 자취(Decision Trail)'를 다른 연구자가 따라갈 수 있을 때를 말하며 다른 연구자도 연구자의 자료, 시각, 상황에 따라 비슷한 결론에 도달할 수 있을 때 일관성이 높다고 하였다. 본 연구에서 연구자는 자료에서 발견될 주제와 범주에 대한 분석적 사고를 위해 지속직 비교방법을 통해 자료의 일관성을 유지하고자 하였다. 또한 연구의 일관성 측면을 높이기 위해 연구의 핵심개념이 발견되고 구조가 어느 정도 도출되었을 때, 북한여성의 보편적인 생활과 탈북과정에서 여성들의 체험에 대한 자문을 받음으로써 효과적인 감사(Auditability)를 이루고자 하였다. 본 연구주제가 남한 입국 이전에 북한 및 제3국에서 살아가는 북한 출신 여성들의 삶의 탄력성을 이해하는 데 있기에 대학원에서 북한학을 전공하고 있는 북한여성의 자문을 받았다.

넷째, 중립성(Neutrality)은 연구과정과 결과에 있어서 객관성을 의미한다. 연구대상자에 대한 연구자 자신의 가정과 선이해를 검토해보는 것은 연구 실행 전에 실행해야 할 중요한 과정 중 하나라고 볼 수 있다. 본 연구자는 북한이탈주민의 난민으로서의 정신건강과 삶의 질 등을 연구(김현경, 2007, 2009, 2010; 김현경 외, 2009, 2010; Kim & Lee, 2009, 2010; Kim, Lee & Baumann, 2011)한 바 있다. 하지만 난민이주자라 할지라도 각자의 독특한 경험체계가 주는 영향을 배제할 수 없다는 사실을 깨달았다. 즉 그들의 공통점만큼이나 상이성도 다양하다는 경험은 연구자가 북한이주민에 대해 가졌던 스스로의 가정에서 벗어나 연구자로서의 판단중지(Epoche)를 유지하는 데 상당한 도움이 되었다. 또한 북한이주민 관련 인터넷 사이버 웹(탈북자동지회, 새터민들의쉼터, 좋은벗들 등) 공간에 게시되어 있는 북한이탈여성들의 자전적 체험기록, 영화 및 다큐멘터리, 북한이탈여성 관련 전문서적 및 학술논문 등을 접하면서 북한이탈여성들의 삶의 질곡과 생존과정의 다양성을 확인할 수 있었다.

## 5. 연구결과

### 1) 연구대상자의 구술 및 핵심개념

분석의 첫 과정은 대상자의 구술을 통해 개념을 추출하는 과정이다. 우선 대상자의 언어를 적은 기록에서 그 경험의 주요내용(Essence)을 추출한 후, 추출된 주요내용을 연구자의 언어로 종합한다. 이후 언어－예술(Language－Art)을 만들어 개념화 작업을 하였다(Parse, 2009: 74). 대상자의 분석내용은 다음과 같다.

<표 Ⅱ-2> 대상자의 구술내용-구술추출내용-연구자 언어로 종합한 내용

| 대상자의 구술내용 | 대상자 구술을 추출한 내용 | 대상자 언어로 종합한 내용 |
|---|---|---|
| 나는 평양서 작가 대학을 졸업하고 30대에 이르러 다 성장한 아들 둘과 노모가 있는 나이 차이 많이 나는 남성의 재취로 결혼. 아이를 낳으면 하나로 그칠 텐데 이왕이면 아들이길 바랐다. 1990년대에 내가 아들을 낳아 업고 탁아소에 나가니 만나는 여자들마다 아이 하나로 끝나려면 딸이 더 좋았을 걸 아쉬워하였다. 충격적일 정도로 의식이 변화되었다. 사실 1970년대 중반까지만 해도 북한 결혼여성이 첫 자식으로 아들을 못 낳으면 발언권이 안 섰다. 나는 아기를 낳고서 여성과 시인, 인간으로서 원숙함을 느꼈다. 게다가 시문학 분과가 3·8 세계여성의 날을 맞아 벌인 여성시인 시 창작 경기에서 아기를 소재로 한 나의 시가 가장 큰 호평을 받았다. 전처의 아들은 '고난의 행군'에 집안에 있는 TV며 냉장고, 선풍기 등을 제멋대로 팔아먹으며 끊임없이 속을 썩였다. 나는 남편에게 내가 낳은 어린 아들과 둘이 살 만한 작은 집 하나 구해 달라고 부탁하며 이혼을 요청했다. | 평양서 작가 대학 졸업 후 재취로 결혼했고 첫아들을 낳았으나 주변서 딸이 더 좋다고 아쉬워하였고, 아들은 인간의 원숙함과 시 창작에 도움이 되었으나 시집식구들로 속을 썩어 이혼을 요청함. | 대학 졸업 후 재취로 결혼해 자녀를 출산하니 작가로서 생의 원숙함을 느낄 수 있었으나 시집과의 갈등으로 이혼을 결심하게 됨. |
| 나의 생존전쟁은 시작. 청진시 신암구역에 거주를 붙이려 했으나 아내는 남편의 거주지를 따라가야 한다는 규정을 깨닫는 데만 한 주일이 걸렸다. 남편이 있는 청암구역에 퇴거를 붙이고 아이를 남편에게 맡긴 후 교원자리를 알아보았지만 이혼을 염두에 둔 여자는 절대 교원으로 받아들일 수 없다는 답을 받았다. 쌀도 돈도 떨어졌다. 신세질 만한 작가들의 집에서 한 번씩 다 신세를 졌다. 이제부터는 청진역에서 사는 수밖에. 이혼문제는 한창 진행 중, 재판소에서 남편을 데려오라고 하기 전엔 남편이 있는 용제리에 가지 않기로. 첫날 역에서 자려고 보니 아득, 낮에는 사람들이 절반도 안 찼는데 날이 어두워지자 일층 대기실 양옆 칸은 발 디딜 틈도 없었다. 의자에 못 앉은 사람들은 때가 새까맣게 낀 더러운 시멘트 바닥에 비닐이나 헝겊 보자기, 헌 옷가지들을 펴고 누웠다. 그나마도 없으면 옷을 입은 채 맨바닥에 드러누웠다. 베개가 없어 냄새나는 신발을 벗어 베고 자는 사람이 대부분. 벗어놓고 자자니 도적맞기 쉽지, 잃어버리면 맨발 신세라 그런 식으로 건사. 역사가 소등되니 어둠 속에 숨어 있던 빈대, 벼루지들이 옷 속으로 기어들어오는 모양. 이따금 가려운 데를 손가락으로 대보면 보리알만 한 이가 잡혀 그 세월에는 거지나 꽃제비가 따로 있는 게 아니었다. 역전 광장에서 죽은 사람을 보았 | 이혼을 염두에 두고 생존을 위해 교원자리를 알아보았으나 이혼녀는 받아들일 수 없으며 아내는 남편거주지를 따라야 하는 규정에 따라야 함. 쌀과 돈이 없어 청진역서 자야 하니 발 디딜 틈 없는 공간에 냄새와 벼루지를 견디며 거지나 꽃제비로 지냄. 역 광장서 시체를 보았으나 사람들의 감정은 무감각하여 시체 옆에서 밥을 먹을 정도였음. | 이혼여성에 대한 낙인과 여성은 남편 거주지에 살아야 한다는 규정을 파악하는 동안 노임과 식량을 모두 써 버려 결국 기차역 노숙자생활로 버티어 가고 시체와 벼룩, 이와 같은 비위생적 환경과 무질서, 굶주림의 고통을 받아 결국 탈북을 결심함. |

| | | |
|---|---|---|
| 다. 시체가 있는 바로 곁 전주에 배낭을 기대놓고 아낙들 몇이 둘러앉아 밥을 먹고, 시체의 발꿈치 쪽에 누워 자는 사람도 있었다. 그 옆에 서서 담배를 피우는 사람도. 어쩌면 사람들의 감정이 이 정도로 무감각해졌을까. | | |
| 차표 없는 많은 사람과 마찬가지로 초저녁부터 역사 구석에 나가 기다렸다. 열차는 시간이 정해져 있지 않았다. 이틀을 기다려야 할지 사흘을 기다려야 할지 몰랐다. 열차가 드디어 청진역에 도착. 손님들이 미처 내리기도 전에 서로 밀고 닥치며 승강구로 물밀듯 승강구가 사람장벽으로 꽉 막히자 틈만 남은 창으로 하체부터 들이대며 밀고 들어오는데 웬만한 힘으로는 사태를 막을 수 없었다. 열차에 늘 도적이 날친다. 나는 모직양복 상의를 벗어서 가방에 집어넣었다. 차표나 여행증이 없다고 안전원에게 끌려 다닐 일이 딱 질색. 차표 없는 것이 뭐 그리 대수라고 돈 있어도 차표 사기가 하늘의 별따기인 요즘 세월에 무임승차를 밥 먹듯 하는 것은 예삿일. 나는 의자에 앉은 사람에게 발을 좀 비켜 달라 밑에 들어가려고 무릎을 굽혔다. 의자 밑에 짐을 넣었던 사람들이 발로 나를 차며 손을 들이밀고는 자기 짐을 찾아 움켜쥐었다. "그 잘난 짐 안 다쳐요!" 밑에서 내가 소리치자 잠잠. 안전원이 바싹 왔는지 한 여자가 내 옆으로 또 기어들어와 숨이 막혀 오른쪽 다리에 쥐가 나는데 까딱할 수가 없었다. 반시간은 지난 것 같은데 그때 "안전원 갔어요. 빨리 나오라요!" 하는 소리가 들렸다. 출입구마다 사람들이 빼곡히 들어서서 까딱도 할 수 없었다. 출입문은 못 열고 유리가 빠진 창으로 간신히 기어 내렸다. 대기실에 앉아 자려 하니 옆 의자에 앉아 있는 남자가 나를 보며 '옷에 칼침을 맞았구만.' '으응?' 옷을 가방에 집어넣었는데 가방을 째는 순간 칼날이 깊이 들어가 옷까지 째진 것이었다. | 열차의 오가는 시간이 정해져 있지 않고 돈이 있어도 차표를 살 수 없는 세월이라 여행증도 없이 무임승차하여 인간으로 빼곡한 열차 의자 밑에 숨어 있다 유리가 없는 창으로 빠져나오니 도적맞아 가방에 칼 맞은 걸 알게 됨. | |
| 나는 잠은 청진역에서 자고 음식은 굶어죽지 않을 만큼 시장에 나가 사 먹으며 이혼 수속에 전념하였다. 검찰소(법원) 사람이 의뢰서를 애매하게 써줘 결국 이혼이 안 되었다. 이혼 안 해 주면 나는 오도 가도 못하고 죽는 길밖에. 여자는 남편의 거주 지역에서만 직업을 얻도록 되어 있으니 남편이 있는 청진을 벗어나 직업을 구하는 것은 법에 어긋나 재판소 담당 판사를 다시 만나려고 기다리던 중 브로커를 만났다. 사실 20여 년 전 북조선 정치의 허위성을 깨닫기 시작하면서 탈북은 나의 최고 소망. | 청진역에서 자면서 이혼수속에 전념했으나 법적 이혼이 안 되고 북조선 정치의 허위성을 깨달아 소망했던 탈북을 결심함. | |

| | | |
|---|---|---|
| 아버지가 새 아내를 얻으면서 나는 '교양 개조되어야 할 대상'으로 비쳐지기 일쑤, 아버지는 쩍하면 내가 일하는 공장 당 비서를 찾아와 '불경스러운' 딸에 대해 하소연하고 자살하겠다고 협박. 그때마다 나는 가슴을 떨며 당위원회에 불려 올라가 지적을 받아. 퇴근 후 부엌에서 불을 켜고 책을 보려 들면 계모는 금방 달려와 전구알을 뽑아 들고 들어갔다. 아버지는 맏딸을 쫓아내는 수로 자신의 힘 있는 친구를 동원하여 나의 월향여자합숙소(평양에서 독신여성들이 공동 주거하는 시설로 한 호실에 내여섯 명씩 약 1,500명이 합숙한다. 노동자에서 교원, 배우, 체육인, 연구사 등 다양한 사람들이 모여 살며 식사는 식당에서 공동으로 제공된다) 입숙 허가를 받아냈다. 이는 나를 독립적으로 만든 가족의 두 번째 해체였다. | 아버지는 나의 직장에 찾아와 교양하라 비난과 자살소동을 벌였으며 재혼하게 된 아버지는 나를 월향여자합숙소로 보내 두 번째 가족해체와 동시에 나를 독립적으로 만듦. | 재혼한 부친과의 갈등이 깊어져 여성공동합숙소로 들어가게 되었으나 오히려 자신의 독립적 생활이 시작됨. |
| 북조선 남편과 법적 이혼은 안 되고 생계는 막막하여 결국 나는 브로커에게 한족한테 시집가게 해 달라고 했다. 브로커는 우리를 한족사람에게 인계해 주겠는데 나이를 네다섯 살씩 낮추어 말하라고. 나에겐 대상을 선택할 만한 권리가 주어지지 않았다. "중국에서 남자들이 여자보고 성관계 하자고 할 때 한족말로 '파이'라고 한대. 기억해 두고 있어." 동행자 여인이 입을 열었다. 도강해 오는 조선여자들은 언제든지 자신의 성을 제공할 각오가 되어 있어야 했다. | 북한 남편과 법적 이혼이 안 되어 생계를 위해 성을 제공할 각오로 한족에게 시집가기로 함. | 생존을 위해 스스로 한족과의 매매혼을 결심하였고 첫 도강에 서서 함께 건넌 여인의 굳건한 지지가 도움이 되었으나, 애정 없이 갇혀 사는 생활에서 벗어나고 싶어 브로커와 탈출하다 공안에 걸렸으나 다행히 북한에 들어가 아들을 중국으로 데려올 수 있게 됨. |
| 1998년 7월 10일 나는 도강을 원하는 여인과 함께 도강 장소를 향해. 강을 건너기 안전한 저녁시간까지 기다려야. 준비해 둔 끈을 꺼내 신발을 꽁꽁 묶었다. 물을 건널 때 신발이 벗겨질 수 있다며 도강 경험이 있는 여인이 알려준 방법. 저벅저벅 자갈밭을 밟으며 강물에 들어섰다. 일고여덟 걸음 들어섰을까 "서라! 야, 서라!" 뒤쪽에서 보초병이 뛰쳐나와 외치는 모양. "일단 물에 들어선 담엔 뒤에서 암만 소리쳐도 돌아보지 말고 뛰라요! 물에만 들어가면 못 따라와요. 강물을 건너서면 중국 땅이기 때문에 저들도 어쩌지 못해요." 브로커의 말을 떠올렸다. 빠른 물살에 몸뚱이가 사정없이 떠내려갔다. 물살에 구겨 박혀 죽든가 일이 날 것 같았다. 정신이 혼미해. 나의 손을 잡고 걷던 여인이 내 손을 꽉 그러쥐었다. "일없어, 기운 내라, 조금만 더 가면 돼, 이건 아무것도 아니야." 이래서 브로커가 함께 도강할 여자를 찾았던 것. 물살에 물이 떠내려가는 속에도 맞은편 뭍을 향해 조금씩 전진 드디어 발바닥이 땅에 닿았다. 이미 두 달째 제대로 먹지 못해 몸이 극도로 허약해진 데다 어제 저녁부터 물 한 | 1998년 7월 신발을 끈으로 묶고 어떤 여인과 도강을 하는데 보초병의 외침을 뒤로하고 빠른 물살에 정신이 혼미해진 나의 손을 함께 간 여인이 꽉 그러쥐어 주어 강을 건넜으나 극도로 허약해진 몸과 정신적 부담으로 심장이 바짝 타들어 가고 목에서 비린내가 풍길 정도였음. 중국으로 건너와 한족 남자와 매매결혼을 했으나 조선말을 쓰지 못하고 마을 밖을 벗어날 수 없는 | |

| | |
|---|---|
| 모금 마시지 못해 막대한 에너지를 소모하는 엄청난 정신적 부담까지 며칠째 안고 심장은 비틀어 짜는 것처럼 아프고 바짝 타들었다. 목에서 쇠 비린내가 확확 풍겼다. | 막막한 생활로 미칠 것 같을 때 브로커가 찾아와 조선족 남성을 소개해 주겠다고 했으나 한족에게 붙잡혀 경찰차에 올라탐. |
| 1998년 7월 10일 나는 도강을 원하는 여인과 함께 도강 장소를 향해. 강을 건너기 안전한 저녁시간까지 기다려야. 준비해 둔 끈을 꺼내 신발을 꽁꽁 묶었다. 물을 건널 때 신발이 벗겨질 수 있다며 도강 경험이 있는 여인이 알려준 방법. 저벅저벅 자갈밭을 밟으며 강물에 들어섰다. 일고여덟 걸음 들어섰을까 "서라! 야, 서라!" 뒤쪽에서 보초병이 뛰쳐나와 외치는 모양. "일단 물에 들어선 담엔 뒤에서 암만 소리쳐도 돌아보지 말고 뛰라요! 물에만 들어가면 못 따라와요. 강물을 건너서면 중국 땅이기 때문에 저들도 어쩌지 못해요." 브로커의 말을 떠올렸다. 빠른 물살에 몸뚱이가 사정없이 떠내려갔다. 물살에 구겨 박혀 죽든가 일이 날 것 같았다. 정신이 혼미해. 나의 손을 잡고 걷던 여인이 내 손을 꽉 그러쥐었다. "일없어, 기운 내라, 조금만 더 가면 돼, 이건 아무것도 아니야." 이래서 브로커가 함께 도강할 여자를 찾았던 것. 물살에 물이 떠내려가는 속에도 맞은편 물을 향해 조금씩 전진 드디어 발바닥이 땅에 닿았다. 이미 두 달째 제대로 먹지 못해 몸이 극도로 허약해진 데다 어제 저녁부터 물 한 모금 마시지 못해 막대한 에너지를 소모하는 엄청난 정신적 부담까지 며칠째 안고 심장은 비틀어 짜는 것처럼 아프고 바짝 타들었다. 목에서 쇠 비린내가 확확 풍겼다.<br>중국으로 건너와 길림시 주변 농촌의 한족 남자와 매매결혼을 하여 조선말은 한 자도 쓸 수 없고 마을 밖은 벗어날 엄두도 낼 수 없는 막막한 생활이 시작. 꼭 두 달이 지나 1998년 9월 어느 날 나를 이곳에 안내하고 결혼을 주선한 남자가 찾아왔다. 재미있냐는 그의 말에 막 미칠 것 같다고. 그는 함께 왔던 여자가 살고 있는 조선족이 많은 지역에 다시 소개해 준다고. 나는 굵은 비가 창유리를 깨뜨릴 듯 들이치는 날 밤 도망쳐 나왔지만 나를 데리러 오기로 한 자동차와 길이 어긋나서 결국 한족 남편의 형에게 붙잡혔다. 마을 한족들은 브로커와 내가 연변에서 짜고 온 조선족 부부로 의심하면서 브로커에게 몰매. 얼마 안 있어 경찰차가 들이닥쳐 나는 경찰차에 올라탔다. 죽어도 북조선에는 안 간다. 기어이 보내면 죽고 말 테다! 결심했다. 시 공 | 1998년 7월 신발을 끈으로 묶고 어떤 여인과 도강을 하는데 보초병의 외침을 뒤로하고 빠른 물살에 정신이 혼미해진 나의 손을 함께 간 여인이 꽉 그러쥐어 주어 강을 건넜으나 극도로 허약해진 몸과 정신적 부담으로 심장이 바짝 타들어 가고 목에서 비린내가 풍길 정도였음.<br>중국으로 건너와 한족 남자와 매매결혼을 했으나 조선말을 쓰지 못하고 마을 밖을 벗어날 수 없는 막막한 생활로 미칠 것 같을 때 브로커가 찾아와 조선족 남성을 소개해 주겠다고 했으나 한족에게 붙잡혀 경찰차에 올라탐. | |

| | | |
|---|---|---|
| 안 사무실에서 조선말 전문가와 지루한 진술이 시작되었다. 시간, 장소, 인물 등을 물 샐 틈 없이 따졌다. 중국안전위원회에서는 나의 남편(원자력핵발전소 설비 수입전문가)을 중국으로 데려오는 조건으로 내가 북조선 남편에게 맡겨둔 아들을 데려올 수 있도록 해 주었다. 안전위원회 사람들은 헤어지는 나에게 이틀 저녁을 기다려보고 안 오면 국경지역에서 떠나겠다고 못 박았다. 자식을 위하여 어머니인 내가 해야 할 바를 깨달았다. 죽음을 무릅쓰고 지옥 속에 다시 들어가 아들을 업어 내와야. 나는 강을 건너 강냉이 밭 속에 들어가 숨을 가라앉히고 다시 칠송리 국경초소 길에 들어섰다. 함께 걷던 노파가 초소를 에도는 길을 알고 있어서 무사히 지날 수 있었다. 용제리에는 맘 놓고 들어섰다. 남편에게 아들을 데려오라는 연락을 띄웠다. 아이 머리에는 이가 끓고 귓바퀴는 때가 새까맸다. 살아 있는 것만 해도 다행. 남편은 중국안전위원회가 합법적 절차로 자신을 부르면 요구에 응하겠지만 그전엔 그럴 수 없다고 동행을 거부. 아들만 데리고 가는 수밖에. 도강 안내자를 소개받아 다음 날 저녁 무사히 두만강을 건너 중국 땅 강기슭에. 안내자는 저기 강둑에 앉아 있는 남자들이 북조선에서 건너오는 여자들을 잡기 위한 사람 장사꾼들이라고 가르쳐 주었다. | 중국안전위원회에서 원자력핵전문가인 남편을 데려오는 조건으로 풀어 주었으나 남편의 탈북 거절로 아들만 데리고 안내자의 도움으로 탈북하여 중국 땅 강기슭에 올랐으나 북조선 여자를 잡기 위해 강둑에 앉아 있는 사람장사꾼들을 보게 됨. | |
| 안내자가 나를 진흙으로 벽을 바른 농촌 단층집으로 데려갔다. 밭에 나갔다 불려 들어온 조선족 주인남자가 방에 들어와 방 안의 흙먼지가 눈에 띌 때마다 "동무, 동무, 이것을 닦소", "이것은 빗자루로 쓰오" 하며 얼굴도 못 익힌 나에게 짜증조로 지시. 사흘쯤 빨래며 집안 정리를 하고 났는데 이웃집에서 과수원 배따는데 삯일을 해 달라는 제의. 터진 베개를 손질하고 따진 옷들을 깁고 하는데 잔등이 못 견디게 저려들었다. 삯일 요청이 오면 나와 남자와 함께 나갔고 짬짬이 벌어오는 돈은 주인남자 맏딸아이의 학비로 모두 들어갔다. 주인남자의 친척들이 나에게 인사하겠다고. 술상이 차려지고 술이 한 차례씩 돌아가자 이구동성으로 일본 삼촌에게서 연락이 오면 떠나겠느냐고 그러면 "형은 뭐가 되느냐"고 한탄했다. 하지만 "내가 가고 안 가는 문제는 이 집 주인에게 달려 있습니다. 나는 중국에 안착하여 살겠습니다." 모두 좋아하였다. 나는 묵묵히 주부의 역할만 해나갔다. 교양이 전혀 안 된 그 집 애들에 대해 요구성을 높이기 시작하자 그는 내가 자기 아이들을 미워한다고 생각. 내가 온 지 한 달째 되는 날 저녁 이웃집 아낙이 찾아와 자기 집으로 가자고. "용수(나와 살던 남자)가 아이들이 계모와 맞지 않아서 같이 못 살겠다고 몇 번이나 우리 집에 와 | 농촌 조선족 남자를 소개받아 온몸이 배기고 저려들어도 삯일과 집안일을 했으며, 내가 집을 떠날까 염려했던 주인친척에게 안착해 살겠다 하자 좋아하였으나, 주인자녀의 교양을 높이자 아이를 미워한다며 못살겠다고 해 대신 이웃아낙이 자신의 집으로 나와 아들을 데리고 감. 당시 마을에서 탈북여성과 사는 사람들이 공안에 불려가고 벌금을 물어 주인남자가 두려웠던 것 같음. | 조선족 남성을 소개받아 고된 가사 노동으로 일상을 보내나 중국시민이 될 수 없음을 알기에 정착보다 늘 떠날 마음가짐을 갖고 있었으나 당시 공안이 농촌 가정을 불시 검문하여 탈북여성과 사는 중국남성에게 무거운 벌금을 내게 하여 쫓겨남. |

| | | |
|---|---|---|
| 우는 소리 했는지 몰라.” 주위에서 조선여자를 데리고 살던 사람들이 연속 잡혀가니까 떨려서 그런 것 같았. 아낙의 집에서 산 지 사흘째 되는 날 저녁 수염을 길게 기른 웬 남자가 동네 사람과 함께 문을 열고 들어섰다. 홀아비라며 나와 살고 싶다고. 나는 남의 집 군식구로 있기보다 아내라는 명목이 떳떳해 보였다. 그는 사천성에 일 년간 고기잡이 간다고 떠났다. 잘하면 목돈을 쥘 수 있다고 했다. 꼭 한 달 만에 그 남자가 돌아왔다. 그는 별치 않은 일에도 신경질을 부렸다. 그는 일본 삼촌에게 편지는 썼느냐고 물었다. “뭐라고 썼어?” “살아온 그대로 썼지요, 뭐.” 그는 편지를 가져오게 하여 읽어보고 “이 바보야, 창피하지도 않아? 팔려갔던 걸 그대로 쓰면 뭐라고 하겠어? 이 가련한 것아.” “난 가련하지 않아요. 팔려갔던 건 내 죄가 아니에요. 난 뜻이 있는 여자예요.” “네 따위가 뜻은 무슨 뜻이야?” 말이 채 끝나기 바쁘게 주먹이 날아들었다. “네 따위가 뭘 한다 그래?” 그의 주먹은 나의 입과 양 볼, 귓가를 사정없이 갈겨댔다. 매질이 능숙했다. 그와 친했다는 과부가 저녁마다 찾아들어 밤 열두 시 한 시까지 술상이. 남자는 노골적으로 나에 대한 멸시를 공공연히 표현. 술에 취한 그는 내 머리끄덩이를 감아쥐고 개처럼 질질 끌며 무릎으로 내 얼굴을 올려쳤다. 발길로 주먹으로 배와 가슴, 옆구리와 얼굴을 신이 나게 들이찼다. 입술이 터지고 코피가. 자다 놀라 깨어난 아이가 눈을 빤히 뜨고 이 광경을 올려다보았다. “이건 누구 새끼야?” 그는 파리채로 아이 얼굴을 아래위로, 양옆으로 휙휙 쳐댔다. 아이가 눈물범벅이 된 얼굴로 나를 안타깝게 쳐다보았다. 그 연한 얼굴 위로 채찍자리가 쭉쭉 났다. 남자는 아이를 매로 길들여야 한다며 더 힘껏 족쳐댔다. 나는 아이에게 “잘못했다고 말하라!” 하며 아이를 끌어안았다. 종아리로 머리로 줄매가 쏟아져 내렸다. 이를 악물고 손으로 머리를 싸쥔 채 내리치는 온 매를 다 맞아 손등이 터져나갔다. “제발 참아요. 제발 빌어요. 내가 잘못했어요?” “잘못을 알아? 내가 누구야?” “내 남편이에요. 진정해요.” “알겠어?” “알아요.” 그가 서라면 서고 앉으라면 앉아야 하는 날들. 꾹 눌러 자제하였다. 그에게 등을 돌리고 앉아 바닥에 엎드려 끊임없이 기도를 드렸다. “하느님! 오늘이 이 소굴에서의 마지막 밤이 되게 하여 주세요!” | 아내라는 명목으로 떳떳하게 살기 위해 같이 살자는 조선족 남자를 따라 사천성에 왔으나 나와 아이에게 쉽게 매질을 하였고 동네과부까지 내 옆에서 재우니, 주인남자가 서라면 서고 앉으라면 앉아야 했던 세월을 꾹 눌러 자제하며 그 소굴에서 벗어나길 기도로서 간청함. | 아내를 원하는 다른 조선족 남성과 동거하였으나 가정폭력과 모멸감으로 고통의 날들을 기도로 참고 견디어 나갔고, 생존에 위협이 되는 폭력을 휘두르니 견디지 못해 탈출을 시도하여 조선족 운전기사와 중국 내 교인들의 도움으로 구사일생의 기회를 얻게 됨. |
| 평상시 탈출을 마음먹었던 내게 남자는 “넌 나한테서 달아나면 영웅이야!” 소리를 질러가며 나를 갈겨댔다. 나의 온몸은 피와 땀투성이. 밖에서 무서움에 질린 아이가 발이 시리다고 울었다. 남자는 순간 나를 때리느 | 탈출을 마음먹은 나를 갈겨대 온몸은 피와 땀투성이가 되었고 무서움에 질린 | |

| | | |
|---|---|---|
| 라 휘둘렀던 채찍질을 멈추고 밖에 있는 아이에게 "이 놈의 새끼, 죽어봐라." 그는 가죽 혁띠를 휘두르며 문으로 향했다. 나는 일 초도 안 되는 그 순간, 맨몸으로 탈출해야겠다는 비상한 각오가 일었다. 아이가 조금 더 맞는 날엔 죽든지 정신이상이 될 것 같았다. "가만!" 나의 단호한 목소리에 남자가 주춤했다. 나는 밖으로 뛰어나갔다. "너 왜 그렇게 말 안 들어. 나한테 더 세게 매 맞자." 나는 작업운동화를 신고 한 손으로 아이 신발을 그러쥐고 독수리가 병아리를 가로채듯 아이를 가슴에 껴안았다. 문을 발로 차서 열고 정신없이 뛰쳐나왔다. 남자가 따라올까 봐 골목길로 이리저리 빠져나갔다. 도로에 나섰다. 택시가 앞으로 달려왔다. 조선족 운전수였다. 택시에 들어앉아 얼굴이 시퍼렇게 퉁퉁 부어 오른 데다 눈물로 얼룩진 아이가 이를 떡떡 마주치며 부들부들 떨었다. 나는 돈이 없다는 사정부터 이야기했다. 운전기사는 차를 세웠다. 지나가는 택시를 세우고 나를 바꿔 타게 하였다. 교회 쪽으로 질러가는 곳에 이르자 택시를 세우고 내려서 미안하다는 인사를 거푸한 후 아이를 업은 채 교회 정문으로 뛰어들었다. 내의만 입고 있는 나와 아들을 본 교인들마다 참상이 하도 기막혀 눈물을 흘렸다. 여기저기 뛰어가 옷가지들을 가져다 나와 아들의 피와 땀투성이 내의를 가려 주었다. | 아이마저 죽이려 가죽 혁띠를 휘두르려 할 때 아이를 가슴에 껴안고 정신없이 도로로 뛰쳐나가 조선족 운전수의 도움을 받아 교회로 뛰어드니 참상을 본 교인들이 피아 땀투성이가 된 나와 아들을 내의로 가려 줌. | |
| 한 여인과 함께 국경을 건너 처음 중국 땅에 들어가서는 방향은 내가 판단하고 조정하는 수밖에 없었다. 살을 찌르는 잡관목 가지들을 헤치고 나와 강냉이 밭을 뚫고 나갔다. 신발을 벗어 손에 들었다. 장마철이라 흙탕물이 무릎까지 푹푹 빠졌다. 온몸이 우들우들 떨렸다. 무산을 벗어나면서부터 대범해졌다. 위기의 순간에 부딪히면서 나는 놀라운 집중력이 발휘되면서 마음이 침착해지곤 하였다. '대체 무엇 때문에 이 죽을 고생을. 나라 없는 백성 상갓집 개만도 못하다고, 세상 천지에 반겨줄 사람 하나 없는데.' 호박밭을 지나 키를 넘는 강냉이 밭을 경황없이 헤쳐 나가는 속에 뜻밖에도 18세기 헝가리 시인 뻬떼피의 시가 가슴속에서 용솟음쳐. "사랑과 자유! / 이는 내가 염원하는 모든 것 / 사랑이여, 너를 위함이라면 / 목숨을 바쳐 뉘우침 없으리라 / 허나 자유여 / 너를 위해서라면 / 내 사랑까지도 바치리라!" 내가 자란 고향, 부모형제, 스승과 벗, 40년간의 추억과 사랑이 깃든 땅을 모두 버리면서 강을 건너는 이유는 '자유'가 그리워서. | 장마에 흙탕물로 온몸이 떨렸으나 찌르는 잡관목 가지와 강냉이 밭을 뚫고 나가며 위기를 놀라운 집중력과 침착한 판단으로 조정함. 죽을 고생을 하며 고향, 부모형제, 스승과 벗을 모두 버리고 도강한 이유는 오로지 '자유'가 그리워서임. | 가시덤불과 흙탕물을 헤치고 오로지 인간으로서의 자유를 얻기 위해 과거의 시공간에 모든 것을 묻고 힘겨움을 침착한 판단과 집중력으로 대처할 수 있었음은 내면의 강인성 덕분임. |
| 매질하던 조선족 남자로부터 아들과 탈출한 후 교회에 들어서자 중국에서 탈북자들을 돌보던 한국선교사 | 매질하던 조선족 남자로부터 탈출 후 중 | 불법체류자로서 중국에서 겪었던 |

| | | |
|---|---|---|
| 가 탈북자 은신을 위해 빌린 아파트에서 숨어 지냈다. 1999년 11월 연변에서의 십 개월 은둔생활이 끝나는 마지막 아침. 한국인 인솔자가 사주는 차표를 받아 연변 땅을 떠나 사흘 만에 베이징 역에 내렸다. | 국내 한국인 선교사의 도움으로 1999년 11월 연변에서 십 개월의 은둔생활을 마치고 베이징에 내림. | 온갖 굴욕을 다 스리며 한국선교사의 도움을 받아 북한이탈주민들과의 공조로 염원하던 한국에 입국하게 되었으나 기쁨보다 한(恨)이 솟구침. |
| 네 가족 열한 명이 스스로 알아서 중국과 몽골 국경을 넘어야. 특수부대 출신인 춘희 아버지가 결정적인 두각을. 나는 등에 네 살 난 아이를 업었기에 노상 뒤다시피 했다. 등에서 아이는 그냥 미끄러져 내렸다. 대열에서 자꾸 처지자 중학생인 영국이가 대신 아이를 업어주었고. 춘희 아버지는 "빨리 못 따라설래? 뭘 꾸물거려? 죽으려 그래?" 춘희 아버지가 하도 무섭게 달구니 다들 잠잠. 내 몸엔 단 한 걸음도 움직일 힘이 남아 있지 않았기에 그대로 숨겨 죽고 싶었다. 그렇게 일곱 개의 철조망을 넘었다. "손들엇!" 외국말이었으나 그 뜻을 본능적으로 알아차렸다. 몽골 국경 수비대. 우리 일행문제는 결국 몽골대통령을 통해 해결되어 비행기를 타고 김포공항으로 입국함. 공항에 내렸을 때 나는 소원하던 꿈의 땅에 왔다는 반가움보다 쓸쓸한 생각이 먼저. 북한아! 너희는 어찌하여 나를 이 지경으로 내몰았는가? 청진역을 숙소로 삼고 이틀에 한 끼씩 먹다시피 하며 중국에 숨어서 은거생활하며 갖은 모욕을 다 받아내야 할 때 울지 못한 그 눈물들이 김포공항을 나오며 한꺼번에 속으로 울고 또 울었다. | 네 가족 열한 명이 스스로 알아서 중국과 몽골 국경을 넘어 소원하던 꿈의 땅인 김포공항에 내렸으나 반가움보다 나를 이 지경으로 내몬 북한과 중국에서 받은 온갖 모욕이 떠올라 쓸쓸하여 속으로 울고 또 울었다. | |

## 2) 언어예술(Language - Art)

〈표 Ⅱ-3〉 언어예술

| | 언어예술(Language - Art) | 개념적 통합<br>(Conceptual Integration) |
|---|---|---|
| 대상자 | 결혼해 자녀를 출산하니 생의 원숙함을 느꼈으나 시대갈등으로 이혼을 결심하고 자립을 준비하나 이혼여성에 대한 낙인과 여성은 남편 거주지에 살아야 하는 규정으로 궁핍해진 일상을 기차역 노숙생활로 버티다 시체와 비위생적 환경, 무질서, 굶주림의 고통으로 탈북을 결심함.<br>재혼한 부친과의 갈등으로 여성공동합숙소 생활을 하니 독립적 생활이 시작됐고 생존을 위해 한족과의 매매혼을 결심하여 동반여성의 지지를 받으며 도강하였고 중국서 갇힌 생활에서 탈출하다 공안에 걸렸으나 오히려 아들을 중국으로 데려오는 기회로 삼았으며, 다시 조선족 남성을 소개받아 고된 가사노동으로 일상을 보내나 중국시민이 될 수 없기에 늘 떠날 마음가짐을 갖고 있게 되며 공안의 농촌가정 불시 검문으로 쫓겨나 아내를 원하는 다른 조선족 남성과 동거하게 되니 가정폭력과 모멸감으로 고통의 날들을 기도로 참고 견디어 나갔으며 위협적 폭력을 견디지 못해 탈출을 시도하여 조선족 운전기사와 중국 내 교인들의 도움으로 구사일생의 기회를 얻게 됨.<br>인간으로서의 자유를 얻고자 과거를 묻고 내면의 강인성으로 대처하여 힘겨움을 견디었고 북한에서 난민으로 내몰린 삶과 불법체류자로서 중국에서 겪었던 온갖 굴욕을 다스리며 한국선교사의 도움을 받아 북한이탈주민들과의 공조로 염원하던 한국에 입국하게 되었으나 기쁨보다 한(恨)이 솟구침. | 가치화,<br>가능-제한,<br>강화성, 변형성 |

## 3) 핵심개념에 대한 발견적 해석
(Heuristic Interpretation for the Core Concepts)

〈표 Ⅱ-4〉핵심개념에 대한 발견적 해석

| 핵심개념<br>(Core Concepts) | 구조적 전환<br>(Structural Transposition) | 개념적 통합<br>(Conceptual Integration) |
|---|---|---|
| 1. 새로운 가능성을 향한 일탈로서의 탈북<br>2. 사회적 자본의 형성과 해체<br>3. 삶을 향한 애착과 불굴의 의지 발휘<br>4. 솟구치는 한을 끌어안음 | 1. 피폐해진 일상에서의 새로운 도전<br>2. 관계성을 활용한 생존기회 구축<br>3. 과거를 물으며 강인성으로 버텨냄<br>4. 과거의 응어리를 바라봄 | 가치화<br>가능-제한<br>강화성,<br>변형성 |
| 구조(Structure) | | |
| 북한이탈여성의 북한과 중국생활에서의 탄력성이란 새로운 가능성을 향한 일탈로서의 탈북이며 사회적 자본의 형성과 해체로서 삶을 향한 애착과 불굴의 의지를 발휘하고, 솟구치는 한을 끌어안는 것이다. | | |
| 구조적 전환(Structural Transposition) | | |
| 북한이탈여성의 북한과 중국생활에서의 탄력성이란 피폐해진 일상에서의 새로운 도전으로 관계성을 활용한 생존기회를 구축하고, 과거를 물으며 강인성으로 버텨 내며, 과거의 응어리를 바라보는 것이다. | | |
| 개념적 통합(Conceptual Integration) | | |
| 북한이탈여성의 북한과 중국생활에서의 탄력성이란 가치화와 상상화를 가능-제한하여 강화성과 변형성을 이루는 과정이다. | | |

북한이탈여성의 북한과 중국생활에서의 탄력성의 핵심개념에 대한 발견적 해석은 ① 새로운 가능성을 향한 일탈로서의 탈북, ② 사회적 자본의 형성과 해체, ③ 삶을 향한 애착과 불굴의 의지 발휘, ④ 솟구치는 한을 끌어안음이라는 네 개 핵심개념으로 추출되었다. 네 개 핵심개념은 '새로운 가능성을 향한 일탈로서의 탈북이며 사회적 자본의 형성과 해체로서 삶을 향한 애착과 불굴의 의지를 발휘하고 솟구치는 한을 끌어안는 것'이라는 하나의 구조로 나타났다. 추출된 구조를 체험의 구조로 전환시키면 '피폐해진 일상에서의 새로운 도전으로 관계성을 활용한 생존기회를 구축하고, 과거를 물으며 강인성

으로 버텨 내며, 과거의 응어리를 바라보는 것'으로 정리되었다. 위의 발견적 해석의 결과인 네 개의 핵심개념을 구조적으로 전환시켜 개념적으로 통합시키면 다음과 같다.

**첫째, 대상자는 '새로운 가능성을 향한 일탈로서의 탈북'을 경험하였다는 점이다.** 대상자는 자녀출산을 통해 풍요로워진 삶의 원숙미를 갖추게 되나 극심해진 고난의 행군(식량난)으로 가정해체를 맞게 된다. 이혼에 접어들어 자립을 미리 준비해야 하는 과정에서 북한의 기혼여성은 남편을 중심으로 주택이 공급되기에 배우자의 거주지역을 벗어나 살 수 없다는 사회적 규제, 이혼여성에 대한 사회적 낙인, 붕괴된 식량 배급제로 인해 기차역에서 굶주림과 비위생적 환경을 견디며 노숙자가 됨. 시체를 보아도 무감각해진 시민의 감정을 공유하며 '피폐해진 일상에서의 새로운 도전'으로서의 탈북을 결심하게 되는 '가치화'를 드러내었다.

**둘째, 대상자는 '사회적 자본의 형성과 해체'를 경험하였다는 점이다.** 대상자는 아버지의 독선과 자녀비판, 재혼으로 가족이 해체됨으로써 가족의 순기능은 '제한'된다. 동시에 대상자의 독립적 생활의 시작은 홀로서기의 '가능성'을 제시하고 있다. 홀로 생존을 지켜야 했기에 자발적으로 선택했던 농촌 한족과의 가정생활은 북조선 사람임을 드러내서는 안 되는 삶의 '제한'으로 갑갑해지고 그래서 의사소통이 되는 조선족 남성을 소개받으려는 '가능성'을 찾아 탈출을 시도하다 공안에 붙잡혔으나 핵 전문가인 전 남편을 중국으로 데려오는 조건으로 처벌에서 벗어나는 '가능성'을 얻게 된다. 전 남편은 자신의 동행을 거절한 대신 아들만 데려갈 수 있도록 '가능성'을 열어 주어 탈북 후 다시 중국으로 들어가 조선족 남성을 소개받아 일본에 거주하는 친척과 연락이 닿을 때까지 고된 가사노동과 삯일을 견디며 머물 수 있는 '가능성'을 찾고자 한다. 하지만 공안의 농촌가정 불시검문과 주인남성의 자녀와의 갈등으로 쫓겨나 기대했던 '가능성'은 다시 '제한'된다. 낯선 이국에서 아내로 살 수 있는 '가능성'은 다른 조선족 남성과의 관계로 되찾게 되나 성폭력과 구타로 이어지는 가혹한 생활은 이주여성의 안전한 생활을 '제한'시켰다. 하지만 조선족 남편의 폭력에 굴하지 않고 아들을 데리고 교회로 탈출하여 구사일생의 '가능성'을 다시 한 번 개척하게 되었다. 대상자는 중국에서 생명을 위협하는 불법체류자로서의 일상을 유지하기 위해 '관계성을 활용하여 생존의 기회를 구축'하였다.

**셋째, 대상자는 '삶을 향한 애착과 불굴의 의지 발휘'를 하였다는 점이다.** 대상자는 국가적으로 해결하지 못하는 만성적인 식량난의 고통과 재혼남성과의 부조화된 결혼생활을 정리하면서 인식하게 된 이혼여성에 대한 낙인감에 굴하지 않고 생존을 향한 강한 애착을 '강화'시켰다. 사랑이 아닌 생존과 생활을 위해 선택했던 중국남성과의 가정생활로부터 치러야 했던 중노동, 구타, 굴욕을 받으면서도 언젠가는 자유를 찾게 될 것이라는 믿음으로 숨을 죽이며 삶을 포기하지 않고 강인하게 견디어 갔다. 위험천만한 국경을 아들을 찾기 위해 다시 오가기로 결심한 강인한 모성을 발휘하였고, 위기마다 수동적 삶이 아닌 자유로운 주체로서의 삶을 지키기 위해 치른 대가에 의미를 부여하며 견디어 가는 '강화성(Powering)'을 보여 주었다.

**넷째, 대상자는 '솟구치는 한을 끌어안음'을 경험하였다는 점이다.** 대상자는 자신이 북한을 떠난 것은 자발적 선택이기도 하지만 본질적으로는 북한이라는 모국의 제도적 병리로 인해 밀려나게 된 것

(Pushed Out)이라는 점을 인식하면서 한국 입국이 마냥 기쁘기보다 내면의 아픔을 동반하게 되었다. 성공적 탈출의 기쁨과 동시에 얻게 된 과거 북한과 중국에서의 삶의 회한을 반영한 분노와 한, 과거의 응어리를 바라보게 되는 '변형성(Transforming)'을 보여 주었다.


## 6. 결과 논의

본 연구는 북한이탈여성이 과거 북한과 제3국 생활에서의 탄력성의 의미를 구축하여 여성주의 관점에서 논의와 실천적 함의를 제시하고자 한다.

우선 북한이탈여성에게 있어서 탈북의 의미란 새로운 가능성을 향한 일탈이라는 점이다. 북한은 1994년 김일성 사망 이후 1995년부터 1997년까지 극심한 수해와 가뭄으로 주요 식량작물인 옥수수의 80% 이상이 손실되었다. 사회주의 중앙배급체제가 일상화된 북한주민들의 기본적인 식생활 체계는 무너지고 서서히 접경국인 중국으로 국경이동을 시작하게 된 것이다. 북한 당국은 사회혼란 속에서 민심을 규합하려고 영하의 추위와 굶주림 속에서도 100여 일간 일본군에 저항하면서 봄을 맞게 되었다는 김일성 혁명구호인 '고난의 행군'을 10여 년 이상 외쳤으나 북한주민의 민심을 통제하지 못했다(김현경, 2007: 87~88). 지속된 식량 및 생필품 배급과 의료혜택 부족은 생존을 위협하는 수준에 이르게 되어 국제적 관심이 고조되었고 국제난민기구((International Refugee Organization) 등을 통한 인도적 지원이 제공되었다. 그러나 북한 내 운송수단의 미비 및 분배의 투명성 부재로 대규

모의 아사자가 발생하였고, 북한 내 일부지역은 1992년 이전부터 일반적으로 1994부터 정기적인 배급이 완전히 중단된 상태였다(이금순, 2005: 19~20). 이렇게 30만 명 이상이 아사에 이르게 되었으나 현재도 선군정치5)와 가부장제 인식의 변화는 거의 없다고 볼 수 있다. 이러한 사회문화적 배경 속에서 북한이탈여성은 삶에 대한 새로운 희망을 갖고 지역주민 브로커의 도움을 받아 자발적으로 중국국경을 건너고 있다는 것이다. 본 연구대상자의 경우 사적으로는 원가족 해체와 이혼여성이라는 낙인을 겪었고, 그녀를 둘러싼 북한사회 경제구조는 이미 마비된 상태였다. 다양한 위험요인들로 인해 생존의 위기에서 결정하게 된 마지막 선택이 탈북이었던 것이다. 탈북은 북한이탈여성의 삶에 비전과 가능성 그리고 희망이라는 탄력성을 부여한 새로운 기회로 작용하고 있다고 보인다.

둘째, 북한이탈여성의 사회적 자본의 형성과 해체이다. 삶의 전략은 북한이탈주민들 간의 사회적 자본(Social Capital)과 관계된다. 사회적 자본이란 개인과 개인 사이의 관계성에 기초한 자원으로, 제도화되었든 제도화되지 않았든 상호 면식이 있어 알고 지내는 사이에 지속적으로 존재하는 관계의 연결망을 통해 얻을 수 있는 실제적이고 잠재적인 자원의 총합인 것이다. 북한이탈여성은 가족 또는 이웃이라는 관계를 통해 북한을 탈출하고, 중국에서 생존하며, 새로운 사회에 보다 쉽게 들어오고 또 정착에 필요한 정보를 획득하게 된다는 점이다(진미정·이순형·김창대, 2009). 사회적 자본의 활용 역시 탄력성과 관련될 수 있다. 탄력성이란 개인 혼자 형성할 수 있는 것이 아니

---

5) 군사선행, 군 정치를 우선 핵심으로 함(네이버 지식백과, 2011).

라, 그 개인을 도우려는 주변 타인에 의해서 형성되고 발전되는 것이다. 이는 역경에도 불구하고 삶이란 의미 있는 것이며, 결국 해결된다는 확신이라 할 수 있는데, 탄력성은 오로지 개인 기질에 의한 결과가 아니라 개인을 둘러싼 환경적 영향이 중요하게 반영된다고 볼 수 있다(Tedeschi & Calhoun, 1995, 1999)는 점이다. 본 연구대상자는 같은 북한이탈주민의 협조에 힘입어 중국국경 이동이 가능했고, 중국체류 역시 중국남성에게 결혼생활 제공이라는 방식을 통해 가능했다. 북한이탈여성은 사회적 자본인 관계성을 활용하여 생존자원을 탄력적으로 활용하고 있었다고 해석할 수 있다. 물론 북한이탈여성의 중국생활은 시민이 아닌 불법체류자로서 머물고 있다는 한계가 있다. 그렇기 때문에 중국남성과의 결혼생활에서의 위기는 북한이탈여성에게 또 다른 대처자원을 찾아 나서게 하는 탄력성을 지속적으로 강화시킨다고 볼 수 있다. 이는 지역사회 교회의 협조를 구하거나 남한 입국을 위한 브로커를 구하게 되는 등과 연결된다고 볼 수 있다.

셋째, 북한이탈여성을 병리적 관점이 아닌 강점관점에서 바라보려는 시도이다. 강점관점을 실천에 있어서 대상자의 탄력성에 대한 의미부여는 상당히 중요하다. 대부분의 북한이탈여성의 경우 북한 및 중국에서 심각한 가정폭력의 대상이 되고 있다. 가정폭력의 경우 가해자의 행위, 태도, 성격, 병적 문제 등으로 협소하게 다뤄지고 박해가 아닌 단순한 범죄 정도로 인식되었다. 하지만 최근 '사인(Non-State)에 의한 박해'를 인정하기 시작하면서 가정폭력의 피해자에게 난민지위를 인정하는 사례들이 다수 등장하고 있다. 가정폭력은 국제법상 안전의 권리, 신체의 자유, 고문 또는 가혹하거나 비인도적이거나 모욕적인 처우를 받지 않을 권리, 생명권을 위반한 '박해'에 해당

된다. 하지만 이러한 박해는 국가의 무의지(Unwillingness)나 무능력(Inability)이 전제되어야 한다(민지원, 2003). 선군문화인 북한의 가정폭력 수위는 상당히 높다고 볼 수 있다. 홍민(2010)의 설문조사에서 북한에 있을 당시 여성들이 가정에서 남편의 폭력에 시달리고 있다고 생각하는가에 대한 질문에 70%가 '그렇다'고 응답한 결과만으로도 북한의 여성폭력 수준이 얼마나 심각한지를 확인할 수 있다. 더욱이 중국 내에서 북한여성의 취약한 신분을 이용하는 중국남성의 폭력에 적극적으로 방어할 수 없는 북한이탈여성의 경우 문제는 더욱 심각할 것이다. 본 연구대상자 역시 동거했던 중국남성의 가혹한 가정폭력에 시달렸다. 그럼에도 불구하고 그녀는 스스로 가련한 여성이 아닌 뜻이 있는 여성이라는 자존감을 지키고자 했다. 즉 내면적 자기가치를 유지하고 있었다. 물론 신체적으로는 중국남성의 거친 폭력에 밀릴 수밖에 없는 상황이었으나 극한상황에서도 자녀를 지키려는 강한 모성애를 발휘했으며, 새로운 기회를 탐색하면서 인내심으로 견디어 나아갔다. 이러한 모습은 김태현·노치영(2003)의 연구결과인 재중 북한이탈여성의 삶의 전략과 일맥상통한다고 보인다.

넷째, 북한이탈여성의 설움과 한(恨)에 대한 것이다. 북한이탈주민의 한을 부정적으로만 이해하는 것은 그들의 한을 포괄적으로 이해하지 못하는 것일 수도 있다. 한은 원한과는 다르며, 절망감이나 복수심과는 차별된다. 한은 극복의 의지와 해한에 대한 열망을 담고 있는 역동적인 정서라는 점이다. 한이란 '삭임'의 과정을 통해 불행과 역경을 딛고 일어서는 우리 민족의 객관적 투사장치이며 승화장치로서 어두운 정서상태를 발판으로 하고 있으면서도 끊임없이 밝고 건강한 방향을 지향하는 속성을 갖고 있다고 하였다. 이때 한은 화해의 지향성을 지니며 '정'으로 확산된다는 것이다. 따라서 한에는 해결과 화해의 여지 및 의지가 존재하며, 더 나아가 이를 통해 한 단계 더 성숙할 수 있는 가능성이 함축되어 있으므로 탄력성의 개념과 접근방식과 상통한다고 제시되고 있다(양옥경·최명민, 2001; 천정웅 외, 2009). 본 연구대상자 역시 남한에 입국하면서 기쁨보다는 설움과 한스러움이 치솟아 올랐다. 개인의 생존을 지켜 주지 못했던 고국 북한 그리고 불법체류자로서 숨 가쁘게 생존했던 중국생활로부터 내면에 깊이 누적되었던 응어리를 눈물로 쓸어 내고 있었다. 그러한 내적 역동은 상당히 자연스러운 것이기에 있는 그대로 수용되어야 북한이탈여성의 정신건강의 균형과 안정감에 기여할 것으로 판단된다.


## 7. 실천적 함의

본 연구결과를 통해 북한이탈여성의 과거 북한과 중국에서의 적극적인 삶의 역동을 확인할 수 있었다. 본 연구자는 남한에 입국한 북한이탈여성에 대한 시선을 부정적이고 병리적인 문제에 초점을 두기보다 그녀들이 역경을 탄력적으로 이겨 낸 주체적 존재임을 제시하고자 하였다. 북한이탈여성을 원조하는 방법으로는 원치 않았지만 난민이주자의 생활을 할 수밖에 없었던 그녀들의 내재된 자생력과 강점을 믿고 이주 이후 남한생활에서도 생의 어려움을 해결하려는 의지와 가능성을 발견할 수 있도록 도와주는 것임을 강조하고자 한다. 따라서 2010년도부터 시범적으로 실행된 북한이탈주민 전문상담사의 활동이 더욱 활성화될 필요가 있다고 보인다. 북한이탈주민을 직접

방문하여 대면(Face-To-Face)상담을 제공해 주는 전문상담의 영향은 북한이탈여성의 남한생활 적응 탄력성에 긍정적인 영향을 미칠 것으로 판단된다. 또한 2010년 11월부터 북한이탈주민 재단을 중심으로 시작된 24시간 콜센터 운영 역시 서울 중심에서 확대되어 지역화에 초점을 두고 전국에 거주하고 있는 북한이탈여성들의 심리적·사회적·교육적·경제적·법률적 정보와 지원제공이 원활하게 이루어질 수 있도록 할 필요가 있겠다. 나아가 무엇보다도 북한이탈여성의 경제활동에 대한 탄력성을 부여하기 위해서는 일자리 창출이 중요하다고 볼 수 있다. 이에 여성친화적인 사회적 기업 활성화의 필요성이 요구된다. 2010년부터 전국적으로 실행되고 있는 북한이탈주민 사회적 기업은 6곳이나 2011년까지는 예비 사회적 기업을 포함하여 총 26곳으로 증폭되었다(북한이탈주민연구지원센터, 2011). 이러한 사회적 기업에는 북한이탈여성에게 적합한 일자리 유형도 일부 포함되어 있으나 남한 입국자의 70% 이상이 북한이탈여성임을 인식할 때 여성친화적 일자리의 다양성 확보는 그녀들의 남한생활의 탄력성을 강화하는 데 중요한 요인임을 재차 강조하고자 한다.

<참고문헌>

김석향(2006), 「남녀평등과 여성의 권리에 대한 북한당국의 공식담론 변화 - 1950년 이전과 1979년 이후 조선녀성 기사를 중심으로」, 『북한연구학회보』, 25~50.

김태현·노치영(2003), 「북한이탈여성들의 삶 이야기 2: 생존전략을 중심으로 한 중국생활체험」, 『대한가정학회지』, 제14권 12호, 229~243.

김현경(2007), 「난민으로서의 새터민의 외상회복 경험에 대한 현상학 연구」, 이화여자대학교 사회복지학과 박사학위논문.

김현경(2009), 『현상학으로 바라본 새터민(탈북이주자)의 심리적 충격과 회복 경험』, 경기: 한국학술정보(주).

김현경·엄진섭·전우택(2008), 「북한이탈주민의 외상경험 이후 심리적 성장」, 『사회복지연구』, 제39권, 29~56.

김현경·전우택(2009), 「북한이탈주민의 삶의 질이 외상경험 이후 심리적 성장에 미치는 영향」, 『사회복지연구』, 제40권 2호, 363~397.

김현경(2010), 「북한이탈주민의 고문으로 인한 외상 후 충격에 영향을 미치는 요인」, 『사회복지연구』, 제41권 3호, 81~106.

김현경·이옥자(2010), 「북한이탈주민의 심리적 고통 체험: Parse의 인간 되어 감 연구방법 적용」, 『정신간호학회지』, 제91권 4호, 359~373.

노옥재(2003), 「북한 식량난 속의 영성의 삶과 인권: 북한여성의 삶, 꿈, 한」, 민주평통 북한연구회 세미나 자료집(2003. 6. 18).

노춘희·이옥자·이정숙 외 옮김(2007), 『인간 되어 감 이론으로 본 지역사회 공동체』, 서울: 현문사.

민지원(2003), 「난민자격 결정기준으로서의 '젠더'박해: 북한여성의 난민자격 가능성을 중심으로」, 『여성학논집』, 제20집, 3~37.

북한이탈주민연구지원센터(2011), 「북한이탈주민 사회적기업의 일자리 창출의 효과성 평가, 북한이탈주민 전문상담사 사업효과성 평가, 상시 종합상담센터(콜센터) 운영 효과성 평가」, 북한이탈주민지원재단 정책연구과

제 최종보고회 자료집(2011. 11. 25).

박정현(2006), 「북한의 경제난과 여성의 역할 연구」, 경기대학교 북한학과 석사학위논문.

심영희(2006), 「북한여성의 인권: 실태와 요인」, 『아시아 연구』, 제45권 2호, 151~194.

이금순·김규륜·김영윤 외(2005), 『북한이탈주민의 사회적응 프로그램 연구』, 서울: 통일연구원.

이미경(2005), 「북한의 모성이데올로기, 조선녀성의 내용분석을 중심으로」, 『한국정치외교사논총』, 제26집 1호, 389~419.

이민영·김현경(2007), 「새터민 여성의 이주로 인한 상실의 극복 체험: 남한 남성과 결혼한 여성을 중심으로」, 『사회복지연구』, 제35권 겨울호, 525~554.

이승진(2005), 「중국 내 북한이탈여성 인권보호에 관한 연구」, 숙명여자대학교 정치외교학과 석사학위논문.

이애란(2008), 「북한여성들이 사회생활에서 당하는 인권침해 실태: 가혹한 노동자 성폭행에 시달리고 사회적 참여를 할 수 없는 북한여성들」, 『북한 리포트』, 3월호, 104~111.

이정복(2007), 「북한 국어사전에 나타난 여성 차별어 분석: 남한 국어사전과의 비교를 중심으로」, 『우리말글』, 147~174.

이효선(2005), 『질적 연구(해석과 이해)』, 서울: 학현사.

이화진(2010), 「탈북여성의 북한, 중국, 한국에서의 결혼생활을 통해 본 인권침해와 정체성 변화과정: 탈북여성에 대한 심층면접을 중심으로」, 한양대학교 사회학과 박사학위논문.

양옥경·최명민(2001), 「한국인의 한(恨)과 탄력성(resilience): 정신보건사회사업에의 적용」, 『정신보건과 사회사업』, 제11권, 7~29.

양옥경·최소연·송인석·권지성·양후영·염태산 옮김(2004), 『사회복지와 탄력성』, 서울: 나눔의 집.

진미정·이순형·김창대(2009), 『탈북인의 사회관계망과 사회적 자본』, 서울: 학지사.

최진이(2005), 『국경을 세 번 건넌 여자』, 경기: 북하우스.

천정웅·김미옥·최명민·노혜련·이용교(2009), 『강점관점 청소년개발 레질리언스』, 서울: 신정.

홍민(2010), 「북한여성인권침해」, 박선영 의원 주최 제26회 정책 세미나 자료집(2010. 4. 28).

홍욱화(2003), 「재중 탈북여성·고아의 삶과 인권: 북한여성의 삶, 꿈, 한」, 민주평통 북한연구회 세미나 자료집(2003. 6. 18).

황성동(2007), 『알기 쉬운 사회복지조사방법론』, 서울: 학지사.

통일부(2011), 북한이탈주민 입국 통계자료.


Baumann, S. L.(2008), "Wisdom, compassion, and courage in the Wizard of Oz: A humanbecoming hermeneutic study", *Nursing Science Quarterly*, 21(4), 322~329.

Guba, E. & Lincohn, Y.(1981), *Effective evaluation*, San Francisco: Jossey Bass.

Kim, H. Y. & Lee, O. J.(2009), "A Phenomenological Study of the experience for North Korean Refugees", *Nursing Science Quarterly*, 22(1), 85~88.

Kim, H. Y., Lee, O. J. & Baumann, S. L.(2011), "Nursing Practice with Families Without a Country", *Nursing Science Quarterly*, 24(3), 273~278.

Parse, R. R.(1987), *Nursing Science, Major paradigms, theories, and critiques*, Philadelphia: W. B. Saunders.

Parse, R. R.(1992), "Human becoming: Parse's theory of nursing", *Nursing Science Quarterly*, 5, 35~42.

Parse, R. R.(2009), "Living with changing expectations for women with high－risk pregnancies", *Nursing Science Quarterly*, 22(1), 74~82.

Parse, R. R.(2001), *Qualitative inquiry: The path of sciencing*, Sudbury, MA: Jones and Bartlett.

Parse, R. R.(2007), "The human becoming school of thought in 2050", *Nursing Science Quarterly*, 20(2), 308~311.

Tedeschi, R. & Calhoun, L.(1995), *Trauma & transformation: Growing in the aftermath of suffering*, Thousand Oaks, CA: Sage.

Tedeschi, R. & Calhoun, L.(1999), *Facilitating posttraumatic growth: A clinician's guide*, Mahwah, NJ: Lawrence Erlbaum Associates, Publishers.

# Ⅲ

# 남한 입국 이후 적응과정으로서의 정보체계 활용: 청소년기를 중심으로

# 1. 연구의 목적 및 필요성

21세기는 지식기반사업을 강조하는 정보화시대라고 한다. 정보화시대에는 지식정보가 사회경제 자원의 핵심이 되면서 다양한 측면에서 인간의 삶의 질을 향상시키는 데 기여하고 있다. 하지만 부정적 측면에서는 인터넷 중독 및 정보격차(Digital Divide)로 인한 기존사회 불평등을 강화할 수도 있게 되었다.

우리나라의 인터넷 보급과 활용은 매우 급속하게 확장되었으며, 특히 청소년층의 이용률은 상당히 높다. 2008년 기준으로 이용률 현황을 보면 만 6세 이상 인터넷 이용자는 3,536만 명(이용률 77.1%)이고, 10대(99.9%), 20대(99.7%), 30대(98.7%)로서 99% 이상이 인터넷을 활용하고 있다. 인터넷 이용 빈도는 10대(85.5%), 20대(87.3%), 30대(81.1%)가 '하루에 1회 이상' 인터넷을 이용하는 것으로 나타났다(한국인터넷진흥원, 2009). 이러한 사회적 현상을 유추해 볼 때 북한이탈청소년은 남한사회에 편입하게 되면서 북한에서는 거의 경험할 수 없었던 정보통신매체인 컴퓨터를 하나원에서 직접 경험하게 된다. 하나원에서 퇴소 이후 대부분의 북한이탈청소년은 학교(또는 학원)를 다니게 되고 교사 및 동료들처럼 자연스럽게 인터넷을 활용하게 될 것으로 파악된다. 그러나 지금까지 30대에서 40대 북한이탈성인들의 사이버대학 경험에 관한 연구(김현아, 2009)를 제외하고, 북한이탈청소년을 대상으로 그들의 인터넷 활용에 관한 연구는 전무한 실정이다. 북한이탈청소년 역시 남한청소년들과 마찬가지로 우리 사회의 시공간에서 청소년이라는 특성을 공유하고 있으며, 성인보다 훨씬 빠르게 남한사회에 동화되어 갈 것이다. 과거 북한 및 중국에서 활용하지 못했던 인터넷이라는 도구를 그들이 건전하게 활용할 수 있도록 도와야 하는 우리 사회의 역할을 고려할 때 북한이탈청소년들을 둘러싼 부모·교사·교우와의 유대관계의 영향을 강조하지 않을 수 없다. 이주과정의 어려움으로 인해 대체로 해체가정에서 성장하고 있는 북한이탈청소년의 사회적 지지체계 특성의 중요성을 인식할 필요가 있으며, 정보와 오락 그리고 또 다른 형태의 대상관계를 제공해 주는 인터넷 활용은 현재까지 우리 사회의 소수자라고 할 수 있는 북한이탈청소년에게도 예외가 아니기 때문이다. 나아가 인터넷을 오락형으로 활용하여 북한에서는 없었던 게임중독에 이르는 증상을 예방하기 위해서라도 북한이탈청소년이 사회적 지지체계와 활발한 유대관계를 가질 수 있도록 간구해야 할 필요성을 제시하고자 한다.

# 2. 이론적 배경

## 1) 북한이탈청소년의 개념

북한이탈청소년이란 「북한이탈주민의 보호 및 정착지원에 관한 법률」 제2조 제1항에 명시되어 있는 "북한에 주소, 직계가족, 배우자, 직장 등을 두고 있는 자로서 북한을 벗어난 후 외국의 국적을 취득하지 아니한 자"에 속하는 북한이탈주민들 중 청소년기에 해당하는 계층을 말한다. 2011년 현재 6~20세 탈북청소년의 수는 약 1,500명에 이르며 21~24세를 포함하면 그 수는 약 2,000여 명을 넘어서고 있다. 6~20세 이하 탈북청소년 중 77.3%는 정규학교에 재학하고 있지만 나머지는 중도 탈락하거나 학교에 아예 다녀 보지 못한 경우도 있다. 20~24세의 북한 출신 청소년들 중에는 북한에서 중학교 과정을 마치지 못했지만 남한학교에 다니기에는 높은 연령 때문에 남한 정규학교 교육을 포기하고 대안학교에 다닐 수밖에 없는 경우도 있다(통일부, 2011). 우리나라 현재 실정법상 연령에 따라 청소년을 일률적으로 정의하기는 어렵다. 예를 들면 생물학적 청소년이란 신체적·생리적 성숙의 특징을 보이고 있는 시기로 여자는 12~13세부터 18~20세까지, 남자는 14~15세부터 20~22세까지로 본다. 심리학적으로는 청소년을 15~25세까지 보고 있으며, 법률적으로 청소년의 기준을 보면, 「청소년기본법」에서는 만 9~24세이고, 「아동복지법」에 의하면 18세 미만이며, 「민법」과 「미성년자보호법」에서는 20세 미만으로 정의 내리고 있다. 청소년보호법에서는 19세 미만으로 규정하고 있다(황진수·전신욱, 2004). 이와 같이 청소년의 연령을 명확히 정의하는 것은 어려움이 있다. 더구나 북한 출신 청소년의 연령은 북한의 사회적 환경에 따라 심리·신체 변화와 탈북 후 제3국에서의 은둔생활을 통해 지속적인 교육을 받지 못하여 남한의 청소년들과 동일한 기준을 가지고 탈북 청소년을 규정하는 것은 부적절하다. 본 연구에서는 「북한이탈주민의 보호 및 정착지원에 관한 법률시행령」 제45조 제1항에서 북한이탈청소년 교육지원대상을 "국내의 중·고등학교에 입학 또는 편입학한 만 25세 미만의 자"로 규정함에 따르고자 한다.

## 2) 청소년과 사회적 지지체계

### (1) 청소년기의 사회적 지지체계로서의 부모, 교사, 교우

사회적 지지란 네트워크, 즉 관계구조 안에 내재하는 것이기 때문에 '연계'를 강조하면서 개인의 운명에 강한 영향을 미친다. 사회적 지지는 연결망이라는 객관적 존재와 호혜적·신뢰적·긍정적 정서 등의 주관적 유대라는 구성요소를 가지고 있으며, 개인적·사회적 수준에서 재화를 산출한다(Paxton, 1999). 청소년 개인에게 있어서 향후 물질적으로 이득이 될 수 있는 사회적 지지체계로서 기능할 수 있는 대표적인 관계는 부모와의 관계라고 할 수 있다(Coleman, 1990). 부모와의 관계는 무엇보다도 청소년의 학교적응력, 학업성취, 심리적 상태, 위기발생 시 학교생활의 해결, 진로성숙도 등 다양한 경로로 청소년에게 영향을 미친다(Horvat, Weininger & Lareau, 2003; Parcel & Dufur, 2001). 청소년 본인에게 있어 부모의 지도 관여는 향후 노동시장에서 청소년 개인의 직업 지위에 영향을 미치는 중요한 변수가 된다고 볼 수 있다. 교사와의 유대 또한 청소년 개인에게 중요한 사회적 지지로 작용할 수 있다(이재훈·김경근, 2007). 학교를 다니고 있는 청소년은 활동시간의 과반수를 학교에서 보내고 있으므로 청소년 학교생활의 전반에 대한 지도책임자로서의 교사와의 관계는 청소년의 학교적응력, 학업성취 등 공교육과 관련한 전반적 영역에 영향을 미친다고 볼 수 있다(황여정, 2007). 공교육과 관련된 교육적 성취는 청소년의 인적 자본형성에 직접적으로 관련되는 것이므로 이 또한 청소년의 장래에 기여하리라고 간주할 수 있다. 청소년은 성장함에 따라 사회적 관계에서 교우집단이 차지하는 비중이 점차 증가하게 된다. 개인이 위험에 처했을 때 도움을 받을 수 있다든지 혹은 성적을 올리고 싶을 때 동반자 역할을 해 준다든지, 긍정적인 정서적 유대를 가지고 있는 친구집단이 존재한다면 얼마든지 사회적 지지체계로서 긍정적인 효과를 기대할 수 있을 것이다(이재훈·김경근, 2007; 황여정, 2007).

### (2) 인터넷과 사회적 지지

인터넷이 사회적 지지에 미치는 영향에 대해서도 다양한 시각이 존재하는데 우선 인터넷은 소통의 도구로서 여타의 소통도구와 차별화되는 긍정적인 기능들에 주목할 수 있다. 인터넷을 활용한 소통은 시간적·공간적 제약을 다른 어떤 도구들보다 덜 받는다는 점이다. 인터넷은 신체, 정체성, 공동체, 지역 등의 물적·사회적 구속으로부터 자유로우며, 이는 사회적·물질적·신체적으로 취약한 사람들을 잠재적으로 해방시키는 것을 의미한다(Vallentine & Holloway, 2002). 인터넷의 이러한 특성은 시민들의 정치사회적 참여와 시민사회의 가치증진에 기여함으로써 사회정치적으로도 긍정적인 영향을 미친다(송경재, 2005; 강내원, 2004). 인터넷에서의 공동체 참여와 사회적 지지의 긍정적 관계를 그리고 인터넷에 기반을 둔 사회적 유대가 공동체 참여에 긍정적 결과를 야기한다는 경험을 보여 주고 있다(Lenert & Voigtmann, 2007). 이같이 시공간적 제약을 덜 받는 인터넷 소통의 특징은 단순히 정보의 유통과 환류에 엄청난 속도를 부여하고 있다. 과거의 정보유통 도구였던 책이나 사전 등은 해당 정보를 담고 있는 것들을 자기 공간에 가지고 있어야만 바로 활용할 수 있는 데 반해 인터넷을 통한 정보검색은 시공간적 제약을 떠나 원하는 정보를 바로 접할 수 있게 해 준다. 물론 그의 활용범위나 수준은 데이터베이스의 구축 정도에 의존하지만 이는 시간의 흐름에 따라 해소되리라고 보아도 무리가 없을 것이다. 정보의 빠른 유통은 지식기반 사회에서 경제적 이익의 창출에 직접 기여할 수 있을 뿐 아니라, 관계의 당사자들에 대한 정보의 확보, 또 당사자들 간 정보교류 등 다양한 측면에서 긍정적인 사회적 관계의 형성에 도움이 될 수 있다. 즉 다른 소통매체와 차별화된 인터넷의 특징은 사회적 관계를 촉진시키고 결과적으로 사회적 지지체계를 강화 및 유지시킬 수 있다. 대부분의 학교들이 홈페이지를 운영하여 각종 정보를 제시하고 게시판 등을 통해 학생들과 다양한 정보교환을 유도하고 있으며, 교사들도 학생 및 그들 부모와의 관계를 위해 전자우편 등을 활용하는 것이 보편화되어 있다. 이러한 현실에서 인터넷을 사회적 관계의 증진 혹은 정보검색의 도구로 활용할 수 있는 능력이 잘 배양되어 있는 청소년의 경우는 인터넷의 이용이 교사와의 유대를 강화하는 데 기여할 수 있을 것이다.

인터넷의 활용의 영향은 특히 동일한 인터넷 환경에서 성장한 또래집단과의 관계에 많은 영향을 미칠 것이다. 청소년에게 있어 인터넷은 또래집단 관계에 매우 중요한 역할을 하며, 그들에게 현실세계와 가상세계는 서로 병합되어 있는, 상호 구성적인 것이라는 주장도 있다(Vallentine & Holloway, 2002). 하지만 인터넷의 이용이 사회적 지지창출에 긍정적인 영향을 미칠 수 있다 하더라도 인터넷의 활용목적에 따라 그 영향은 다르게 나타날 수 있을 것이다. 게임이나 음란물 접속 등은 사회적 지지형성에 그다지 도움을 준다고 가정할 수는 없을 것이다. 하지만 전자우편과 인터넷 동호회 참여, 정보검색 등의 이용행위는 긍정적인 사회관계 창출에 기여한다고 볼 수 있을 것이다. 이와 같이 사회적 관계 창출에 기여할 것으로 추정되는 인터넷 이용 행위들은 사회적 지지체계로부터 영향을 받게 된다(장덕진·배영, 2006). 그리고 청소년들의 인터넷 이용유형에 따라 친구의 범위, 친구관계를 맺는 방식, 온라인 친구관계, 타인에 대한 신뢰 등 사회적 지지체계에 대한 영향력이 달라짐을 보여 준다(박소라·김은미·나은영, 2007).

## 3) 청소년기의 사회적 지지체계와 인터넷 활용유형에 관한 선행연구

현재까지 북한이탈청소년의 인터넷 활용에 관한 선행연구는 부재하므로 남한청소년들의 인터넷 활용에 관한 선행연구를 고찰해 보고자 한다. 우선 청소년기에 부모의 지지·관여·통제가 적을수록 청소년의 인터넷 활용은 오락형을 추구하였으며, 부모의 지지·관여·통제가 많을수록 청소년의 인터넷 활용은 정보형을 추구하는 것으로 나타났다(김지혜·정익중, 2010). 덧붙여 부모의 지지·관여·통제는 청소년 개인의 학업성취와도 유의한 상관관계가 있는 것으로 나타났다. 부모가 자녀의 일상생활을 적절하게 통제하고 훈육하는 것은 자녀의 학업성취에 긍정적 결과를 가져올 뿐만 아니라(원지영, 2009), 부모의 낮은 수준의 지도감독은 자녀의 교우관계의 문제를 비롯한 학교부적응에 영향을 미치는 것으로 나타났다(김진이, 2009). 최근 연구(윤명숙·송행숙, 2010)에서는 부모·교사·교우와의 애착변인들(즉, 유대관계)은 중학생의 충동성이 인터넷 게임중독(즉, 오락형 추구)을 매개하는 효과가 있을 것이라는 연구가설을 검증하였다. 분석결과 부모와의 애착변인은 중학생의 충동성이 인터넷 게임중독에 빠지는 것을 부분적으로 매개하는 효과가 있었으나, 친구와의 애착변인은 인터넷 게임중독에 빠지는 것을 완전 매개하는 효과가 있는 것으로 나타났다. 반면에 교사와의 유대관계는 청소년의 인터넷 게임중독의 매개효과가 전혀 없는 것으로 나타났다. 조아미·방희정(2010) 그리고 조춘범·임진섭(201) 연구결과에서는 부모·교사·교우와의 유대관계 및 사회적 지지가 낮을수록 인터넷 게임중독(즉, 오락형 추구) 가능성이 높아지는 것으로 나타나고 있다.

덧붙여 국내 청소년의 인터넷 활용을 유형화한 연구결과를 살펴보면, 김성수와 조도근(2004)은 게임 및 오락형, 대인관계 추구형, 정보탐색형으로 구분하였다. 청소년보호위원회(2000)는 정보형, 오락형, 통신형으로 구분하였다. 나은영 외(2007)는 크게 오락지향성(게임형)과 실생활형(블로그형)으로 구분하였는데 인터넷으로 오락과 게임을 주로 하는 학생집단은 인터넷 중독의 위험 노출 가능성이 크고, 실생활형의 경우는 오프라인 삶과 직접적인 연관성을 지니는 사회적 관계의 보완이나 강화의 기회가 주어질 수 있다고 설명하였다. 국외학자인 Koivusilta et al.(2007), Bonfadelli(2002), Eynon(2009)은 오락추구형의 경우 청소년에게 부정적 영향을 미치고 정보추구형은 긍정적 영

향을 미치고 있으나 관계추구형은 그 방향성에 대한 연구가 부족할
뿐 아니라 연구마다 일관된 결과를 보이지 않고 있다고 하였다.

## 4) 연구문제

본 연구에서 다음과 같은 연구문제들을 검증하고자 한다.
(1) 북한이탈청소년의 사회적 지지체계로서 부모와의 유대관계는
    그 개인의 인터넷 활용유형에 어떠한 영향을 미치는가?
(2) 북한이탈청소년의 사회적 지지체계로서 교사와의 유대관계는
    그 개인의 인터넷 활용유형에 어떠한 영향을 미치는가?
(3) 북한이탈청소년의 사회적 지지체계로서 친구와의 유대관계는
    그 개인의 인터넷 활용유형에 어떠한 영향을 미치는가?

# 3. 연구방법

## 1) 연구대상자 및 표집방법

본 연구에서는 북한이탈자들이 집중적으로 거주하는 서울, 인천, 경
기지역사회복지관, 대안학교, 북한이주자지원센터(하나센터)를 중심으
로 14세부터 24세까지의 북한이탈청소년 남녀 각각 150명으로 분산하
여 총 300명을 대상으로 조사하였다. 조사기간은 2011년 2월부터
20011년 4월까지 약 3개월이었으며, 수거된 295부의 설문지 중 성실하
게 설문조사에 응답해 준 290부의 설문지를 중심으로 분석하였다.

## 2) 측정도구

### (1) 종속변수

인터넷의 활용유형으로서 사회자본의 각 차원을 파악하기 위해서 한국청소년패널조사(KYPS)의 설문문항에서 관련 항목을 참고하였다. 한국청소년패널조사 설문문항에는 청소년의 컴퓨터(인터넷)를 사용하는 목적에 따라 9가지 문항(채팅 및 메신저, 전자우편, 동호회·카페·커뮤니티, 온라인거래, 게시판활동, 게임, 성인사이트 열람)으로 질문하였다. 본 연구에서는 그 9가지 문항을 북한이탈청소년의 인터넷 활용 문항으로 활용하였다. 인터넷의 이용유형에 대한 각 차원을 분리해 내기 위해 본 연구에서 이들 문항의 측정치에 대한 요인분석을 실시해 본 결과 이용의 유형은 '채팅 및 메신저', '전자우편', '동호회·카페·커뮤니티활동', '온라인거래', '게시판활동'이 하나의 요인으로 구분되었다. 그리고 '컴퓨터게임', '성인용 사이트 검색'이 두 번째 요인으로 구분되었으며, '공부·학습 관련 정보검색·열람'과 '기타 정보검색·열람'은 세 번째 요인으로 구분되었다. 본 연구자는 첫 번째 요인을 '관계형 이용'으로, 두 번째 요인을 '오락형 이용' 그리고 세 번째 요인을 '정보형 이용'으로 구분하였다<표 Ⅲ-1>. '관계형 이용'의 각 문항 간 신뢰도(Cronbach'α) 계수는 .74, '오락형 이용'은 .78, '정보형 이용'은 .80이었다. 전체 문항의 신뢰도(Cronbach'α) 계수는 .84로 높게 나타났다. 문항은 모두 '매우 그렇다(5점)'에서 '전혀 그렇지 않다(1점)'에 이르는 5점 리커트 척도로 구성되었다.

## (2) 독립변수

한국청소년패널조사에서 활용한 변인을 참고하여 북한이탈청소년의 사회적 자본을 구성하는 질문으로 활용하였다. 부모와의 유대를 측정하기 위한 문항 6개, 교사와의 유대 3개, 친구와의 유대 4문항을 본 연구조사에 활용하였다.[1] 문항은 모두 '매우 그렇다(5점)'에서 '전혀 그렇지 않다(1점)'에 이르는 5점 리커트 척도로 구성되었다. 북한이탈청소년에게 적용한 본 연구에서 부모유대 문항 간 신뢰도(Cronbach'α) 계수는 .76, 교사와의 유대는 .69, 친구와의 유대는 .80으로 나타났다.

## (3) 통제변수

통제변수로 사용된 변수로는 성별(여성=1, 남성=0), 가족구조(한부모, 조모, 조부, 친인척, 부모 모두 남한에 계심=1, 무연고임=0), 인터넷 활용시간(분), 남한체류기간, 중·고등학교(중학교=1, 고등학교=0), 학교유형(대안학교=1, 일반계·실업계=0), 학교재학 여부(중도탈락 및 휴학=1, 재학 중=0) 등이다.

## 3) 자료 분석방법

본 연구자료 분석에서는 북한이탈청소년의 부모유대, 교사유대, 친구유대라는 사회자본의 각 차원이 북한이탈청소년의 인터넷 활용유형에 미치는 영향을 파악하기 위해 구조방정식을 실시하였다. 자료분석을 위해 SPSS Window 16.0과 Amos 4.0 프로그램을 활용하였다.

---

1) 본문의 〈표 Ⅲ-3〉 참고.

# 4. 분석결과

## 1) 연구대상자의 일반적 특성

본 연구대상자들에 대한 인구사회학적 특성을 성별, 가족구조, 학교과정, 인터넷 활용시간(분), 남한체류기간, 학교재학 여부를 중심으로 나누어 분석한 결과는 <표 Ⅲ-1>과 같다. 설문지 분석대상 290명 중 북한이탈청소년 여성이 전체의 과반수(51.03%)를 약간 초과하였으나 남성과의 차이는 근소하다고 볼 수 있다. 가족구조로는 주 양육자가 없는 무연고 학생이 28명(9.66%)로 나타났으나 90%는 주 양육자가 한 명 이상 있는 것으로 파악되었다. 중학교 과정에 속한 대상자는 전체의 42% 정도였으며 나머지 58%는 고등학교 과정에 속하였다. 북한이탈청소년의 경우 북한 및 중국을 경유하면서 정상적인 수학과정을 거치지 못하였을 뿐만 아니라 남북한 교육수준의 격차로 인해 남한에서 자신의 연령보다 상당수 낮은 학년에 등록하여 수학하는 것이 일반적 현상이라 볼 수 있다. 학교유형으로는 북한 출신 학생들끼리만 수학하는 대안학교 소속이 26%였으며, 남북한 학생들이 통합하여 수학하는 일반실업계 소속이 74%에 해당되었다. 인터넷 활용시간의 경우 대체로 1시간에서 2시간 정도가 29.32%로 가장 높았고, 그다음이 2시간에서 3시간 사이로 나타났다. 남한체류기간의 경우 1년 미만이 가장 적었으며(13.44%), 1년에서 5년 이상 남한체류기간의 분포는 거의 유사하였다. 학교재학 여부의 경우 중·고등학교에서 중도탈락 및 휴학 중인 경우가 전체의 22%였으나 88%는 현재 재학 중인 것으로 나타났다.

〈표 Ⅲ-1〉 북한이탈청소년의 인구사회학적 특성

| 변수 | 구분 | 빈도(백분율 %) |
|---|---|---|
| 성별 | 여성 | 148명(51.03%) |
| | 남성 | 142명(48.97%) |
| 가족구조 | 한 부모, 조모, 조부, 친인척, 부모 모두 남한에 계심 | 262명(90.34%) |
| | 무연고 | 28명(9.66%) |
| 학교과정 | 중학교 | 120명(41.37%) |
| | 고등학교 | 170명(58.63%) |
| 학교유형 | 일반계/실업계 | 214명(73.80%) |
| | 대안학교 | 76명(26.20%) |
| 인터넷 활용시간(분) | 30분 정도 | 38명(13.11%) |
| | 30분에서 60분 사이 | 57명(19.66%) |
| | 60분에서 120분 사이 | 85명(29.32%) |
| | 120분에서 180분 사이 | 76명(26.20%) |
| | 180분에서 240분 이상 | 34명(11.72%) |
| 남한체류기간 | 1년 미만 | 39명(13.44%) |
| | 1년~2년 미만 | 70명(24.13%) |
| | 2년~3년 미만 | 55명(18.96%) |
| | 3년~4년 미만 | 62명(21.39%) |
| | 4년~5년 이상 | 64명(22.08%) |
| 학교재학 여부 | 중도탈락 및 휴학 | 64명(22.00%) |
| | 재학 중 | 226명(88.00%) |
| | 총계 | 290명(100%) |

## 2) 북한이탈청소년의 인터넷 활용유형에 대한 탐색적 요인분석

북한이탈청소년의 인터넷 이용유형에 대한 각 차원을 분리해 내기 위해 이들 문항의 측정치에 대한 탐색적 요인분석을 실시해 본 결과 유형은 <표 Ⅲ-2>에서 제시한 바와 같이 '채팅 및 메신저', '전자우편', '동호회·카페·커뮤니티활동', '온라인거래', '게시판활동'이

하나의 요인으로 구분되었다. '컴퓨터 게임'과 '성인용 사이트 검색'을 두 번째 요인으로, '공부·학습 관련 정보검색·열람'과 '기타 정보검색·열람'이 세 번째 요인으로 구분되었다. 본 연구자가 첫 번째 요인을 '관계형 이용'으로, 두 번째 요인을 '정보형 이용'으로, 세 번째 요인을 '오락형 이용'으로 명명하였다. 모든 분석자료가 요인분석에 적합한지를 보여 주는 KMO 테스트에서 세 가지 요인 모형 모두 .9 이상으로 통계적으로 유의하게 나타나(p<.001) 변수 쌍들 간의 상관관계가 다른 변수들에 의해 잘 설명되고 있음을 보여 주었다.

〈표 Ⅲ-2〉 인터넷 활용유형에 대한 탐색적 요인분석 결과

| 항목 | 요인 | | |
| --- | --- | --- | --- |
| | 관계형 이용 | 정보형 이용 | 오락형 이용 |
| 채팅·메신저 | .63 | | |
| 전자우편 | .68 | | |
| 동호회·카페·커뮤니티 | .70 | | |
| 온라인 거래 | .69 | | |
| 게시판 활동 | .71 | | |
| 공부·학습정보 검색·열람 | | .86 | |
| 기타 정보검색·열람 | | .82 | |
| 컴퓨터 게임 | | | .73 |
| 성인용 사이트 검색 | | | .71 |
| 고윳값(Eigen Value) | 6.20 | 4.78 | 3.11 |
| 설명량: 전체 39.22% | 13.40 | 10.65 | 15.17 |

## 3) 북한이탈청소년의 사회적 지지체계 유형

독립변수인 북한이탈청소년의 사회적 지지체계를 세 가지 유형별로 정리하면 다음의 <표 Ⅲ- 3 >과 같다. 부모유대는 6문항, 교사유대는 3문항, 친구유대는 4문항으로 구성되었다.

〈표 Ⅲ-3〉 북한이탈청소년의 사회적 자본유형 문항내용

| 구성개념 | 문항내용 |
|---|---|
| 부모유대 | +부모님과 나는 많은 시간을 함께 보내려고 노력하는 편이다.<br>+부모님은 나에게 늘 사랑과 애정을 보이신다.<br>+부모님과 나는 서로를 잘 이해하는 편이다.<br>+부모님과 나는 무엇이든 허물없이 이야기하는 편이다.<br>+나는 내 생각이나 밖에서 있었던 일들을 부모님께 자주 이야기하는 편이다.<br>+부모님과 나는 대화를 자주 나누는 편이다. |
| 교사유대 | +나는 선생님께 내 고민을 털어놓고 이야기할 수 있다.<br>+선생님은 나에게 사랑과 관심을 보여 주신다.<br>+나는 선생님의 좋은 점을 닮고 싶다. |
| 친구유대 | +나는 그 친구들과 오랫동안 친구로 지내고 싶다.<br>+나는 그 친구들과 함께 있으면 즐겁다.<br>+나는 그 친구들과 같은 생각과 감정을 가지려고 노력하는 편이다.<br>+나는 그 친구들과 서로의 고민을 솔직하게 이야기하는 편이다. |

## 4) 측정모형 분석결과와 구조모형의 적합도

다음은 측정변수들에 대한 분석을 실시하여 구성개념에 대한 모형적 합도를 검증하였다. 측정모형 분석결과는 다음의 <표 Ⅲ-4>과 같다.

〈표 Ⅲ-4〉 측정모형 분석결과

| 잠재변수 | 측정변수 | 비표준화 계수 | 표준화 계수 | 표준오차 | $t$ |
|---|---|---|---|---|---|
| 관계형 | 동호회·카페·커뮤니티 | 1.000 | .714 | .045 | 21.683[***] |
| | 전자우편 | 1.120 | .532 | .012 | 17.876[***] |
| | 채팅·메신저 | .921 | .642 | .025 | 16.920[***] |
| | 온라인 거래 | .962 | .721 | .021 | 10.215[**] |
| | 게시판 | 1.046 | .726 | .034 | 8.023[*] |
| 정보형 | 학습 관련 정보검색 | 1.000 | .629 | .025 | 20.218[***] |
| | 기타 정보검색 | 1.128 | .659 | .045 | 19.513[***] |
| 오락형 | 성인용 사이트 검색 | 1.000 | .784 | .028 | 17.300[***] |
| | 컴퓨터 게임 | 1.325 | .810 | .031 | 18.011[***] |

| | | | | | |
|---|---|---|---|---|---|
| 부모유대 | 이해 | 1.000 | .767 | .022 | 35.623[***] |
| | 애정 | .896 | .703 | .025 | 32.026[***] |
| | 공유시간 | 1.211 | .676 | .042 | 18.227[***] |
| | 허물없이 이야기 | 1.120 | .754 | .031 | 10.514[**] |
| | 밖의 일 이야기 | 1.151 | .723 | .032 | 28.415[***] |
| | 자주 대화 나누기 | 1.036 | .799 | .038 | 40.211[***] |
| 교사유대 | 사랑과 관심 | 1.000 | .810 | .027 | 21.802[***] |
| | 고민 상담 가능 | 1.254 | .621 | .043 | 21.591[***] |
| | 닮고 싶은 사람임 | 1.190 | .698 | .033 | 7.116[*] |
| 친구유대 | 생각 감정 공유 | 1.000 | .911 | .023 | 37.524[***] |
| | 함께하면 즐거움 | 1.214 | .890 | .014 | 45.100[***] |
| | 오랜 친구 희망 | 1.112 | .842 | .042 | 22.657[***] |
| | 고민 공유 | .912 | .712 | .024 | 13.150[**] |

* $p<0.05$, ** $p<0.01$, *** $p<0.001$

　다음은 본 연구의 구조모형을 검증하기 위해 각 구성개념 간의 경로를 확인하였다. 구조모형의 각 경로에 대한 검증결과인 <그림 Ⅲ-1>을 살펴보면, 모두 9개의 가설경로 중 부모유대→관계형, 교사유대→관계형 경로 두 개가 유의미하지 않은 것으로 파악되었다. 부모유대→정보형, 교사유대→정보형, 친구유대→정보형, 친구유대→관계형 네 개의 경로는 유의미한 것으로 나타났다. 부모유대→오락형, 교사유대→오락형, 친구유대→오락형 세 개의 경로 역시 유의미한 것으로 제시되었다.

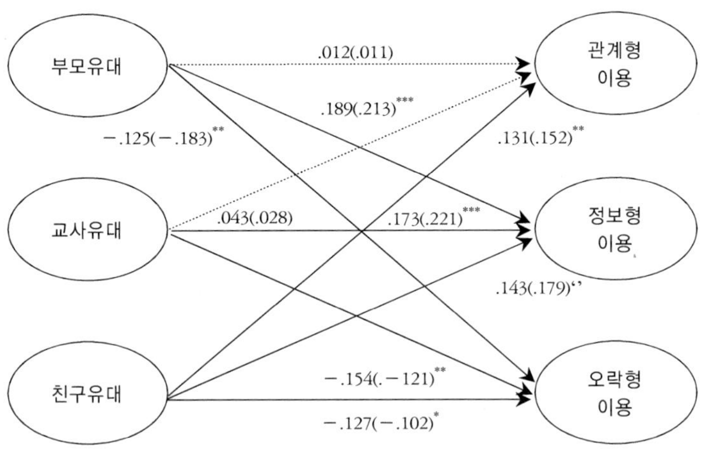



〈그림 Ⅲ-1〉 구조모형의 분석결과

〈표 Ⅲ-5〉 구조모형 분석결과

| 가설경로 | 비표준화 계수 | 표준화 계수 | 표준오차 | $t$ |
|---|---|---|---|---|
| 부모유대→관계형 | .012 | .011 | .021 | 0.316 |
| 교사유대→관계형 | .043 | .028 | .037 | 0.189 |
| 친구유대→관계형 | .131 | .152 | .032 | 4.278[**] |
| 부모유대→정보형 | .189 | .213 | .012 | 7.647[***] |
| 교사유대→정보형 | .173 | .221 | .025 | 6.829[***] |
| 친구유대→정보형 | .143 | .179 | .037 | 4.695[**] |
| 부모유대→오락형 | −.125 | −.183 | .021 | −4.100[**] |
| 교사유대→오락형 | −.154 | −.121 | .031 | −3.768[**] |
| 친구유대→오락형 | −.127 | −.102 | .014 | −2.923[*] |

$\chi^2 = 182.256(p<.001)$, TLI = .931, NFI = .911, CFI = .945, GFI = .922, RMSEA = .043

* p<0.05, ** p<0.01, *** p<0.001

좀 더 구체적으로 설명하자면 북한이탈청소년이 부모 및 교사와 유대가 많거나 적은 것은 관계형 인터넷 활용에 전혀 영향을 미치지 않는 것으로 나타났다. 하지만 친구와의 유대가 많을수록 관계형을 추구하는 것으로 나타났다. 그리고 부모, 교사, 교우와의 유대가 많을수록 정보형 인터넷을 활용하였으며, 역으로 부모, 교사, 교우와의 유대가 적을수록 오락형 인터넷을 활용하는 것으로 파악되었다. $\chi^2$, TLI, NFI, CFI, GFI, RMSEA 지수 역시 <표 Ⅲ-6>의 확인적 요인분석 결과의 적합노 지수와 거의 유사하게 나타나 유의미한 것으로 확인되었다.

<표 Ⅲ-6>에서 제시된 바와 같이 $\chi^2$은 176.350(p<0.001)으로 나타났으나 표본 수에 민감하게 반응하여 의미 있는 지표로 사용되지 않고 있는 추세이다(김계수, 2007; 안정신·강인·김윤정, 2009). GFI와 AGFI는 각각 0.937, 0.898로 적합한 모형임을 보여 주었으며, 최근 적합도를 판정하는 데 선호되고 있는 지수인 CFI와 NFI 값도 0.924, 0.915로 나타나 모형의 적합도가 양호한 것으로 나타났다. 표본의 크기에 덜 민감하고 모형의 간명성을 선호하는 적합도 지수인 TLI는 0.921로 나타나 적합한 모형임을 보여 주었다. RMSEA의 경우에도 0.047로서 전체적인 적합도 지수를 고려할 때 확인적 요인분석을 통한 본 연구모형의 적합도는 양호한 편이라고 할 수 있겠다. 확인적 요인분석의 신뢰도와 타당도의 검증은 일차적으로 모형적합도 지수, 비표준화 계수의 유의미성, 표준화 계수의 크기, 개념 신뢰도 등을 감안하여 전체적으로 각 구성개념의 신뢰도와 타당도의 수용 가능성이 판단될 수 있다(김대업, 2008).

〈표 Ⅲ-6〉 확인적 요인분석을 통한 모형적합도

| 적합도 지수 | $\chi^2$ | TLI | NFI | CFI | GFI | AGFI | RMSEA |
|---|---|---|---|---|---|---|---|
| | 176.350 | .921 | .915 | .924 | .937 | .898 | .047 |

## 5. 결과 논의

본 연구결과에 따라 몇 가지 사항을 논의하고자 한다. 우선 북한이탈청소년의 사회적 지지체계로서 부모(가족), 교사, 친구와의 유대관계가 많을수록 정보형 인터넷 활용을 추구한다는 점이다. 본 연구결과를 통해 부모의 지지·관여·통제가 많을수록 청소년의 인터넷 활용은 정보형을 추구한다는 김지혜·정익중(2010)의 선행 연구결과를 지지할 수 있게 되었다. 물론 교사 및 친구와의 유대관계가 많을수록 정보형 인터넷 활용을 추구하게 된다는 선행 연구결과는 현재까지 부재하나, 역으로 정보형 인터넷 활용이 많을수록 교사 및 친구와의 유대관계가 높아진다는 선행 연구결과(김희자, 2009)는 밝혀진 바 있다. 현재까지는 이러한 점에서 본 연구결과를 지지할 만한 선행 연구결과는 부재하다. 하지만 본 연구결과로서 난민이주자인 북한이탈청소년(다문화가정 청소년 포함)에게 있어서 남한교사 및 친구들과의 유대관계가 많아질수록 그들로 하여금 새로운 문화권에 관한 정보를 찾아내어 알아 가고자 하는 동기를 향상시킬 것이라는 점을 시사한다고 볼 수 있다.

둘째, 북한이탈청소년의 사회적 지지체계로서 부모(가족), 교사, 친구와의 유대관계가 적을수록 오락형 인터넷 활용을 추구한다는 점이다. 이러한 연구결과는 국내 선행연구, 즉 청소년기에 있어서 부모의 지지·관여·통제가 적을수록 청소년의 인터넷 활용은 오락형을 추구하였으며(김지혜·정익중, 2010), 또 다른 연구에서도 부모·교사·교우와의 유대관계 및 사회적 지지가 낮을수록 인터넷 게임중독(즉, 오락형 추구) 가능성이 높아지는 것으로 나타내고 있다(조아미·방희정, 2010; 소춘범·임진섭, 2010)는 결과와 일맥상통한다고 볼 수 있다. 나아가 윤명숙·송행숙(2010)의 연구인 부모·교사·교우와의 애착(즉, 유대관계)은 중학생의 충동성이 인터넷 게임중독(즉, 오락형 추구)을 매개하는 효과가 있다는 결과도 지지할 수 있다. 비록 본 연구내용에서는 유대관계를 매개변수로 활용하지는 않았으나 유대관계라는 핵심내용을 공통으로 하여 해석할 수 있다고 보인다. 특히 교사와의 애착관계(유대관계)는 인터넷 게임중독을 부분적으로 매개하나, 친구와의 유대관계는 게임중독을 완전 매개하는 효과를 보인다는 점에서 교사보다는 교우들과의 유대관계가 적을수록 더욱 오락형을 추구하게 된다는 점을 강조하고 있다. 북한이탈청소년의 경우에도 이러한 점에서 예외는 아니라는 것을 재차 강조할 수 있게 되었다.

셋째, 북한이탈청소년의 사회적 지지체계로서 부모(가족) 및 교사와의 유대관계가 많아져도 관계형 인터넷 활용에 영향을 미치지 않으나 친구와의 유대가 많아질수록 관계형을 추구한다는 점이다. 이러한 연구결과를 뒷받침할 만한 선행 연구결과는 현재까지 부재한 실정이다. 그러나 관계형 인터넷 활용이 많아진다고 해도 부모 및 친구와의 유대에 전혀 영향을 주지 못하며, 교사와의 유대는 오히려 낮아지는 것으로 나타났다(김희자, 2009)는 점은 밝혀진 바 있다. 본 연구결과를 토대로 할 때 북한이탈청소년의 주 양육자라고 할 수 있는 조부모, 부모, 친인척은 청년기에 해당하는 북한이탈청소년만큼 인터넷을 통한 의사소통에 관심이 없을 수도 있을 것이라고 예측된다. 인터넷 활용 자체가 사회적으로 금지된 환경에서 성장한 북한이탈주민(성인기)의 경우 남한에 입국하여 그들의 청소년기 자녀들과 유대관계가 많아진다고 해도 인터넷 전자우편 및 채팅 등을 통한 관계형 추구보다는 핸드폰 등과 같이 직접적인 의사소통 도구를 통한 관계추구를 할 가능성이 더욱 크다고 보인다. 하지만 남한에 입국하여 인터넷을 처음 활용하게 되는 북한이탈청소년들에게 인터넷은 상당히 흥미로운 의사소통 창구가 될 것이다. 따라서 또래친구들과의 유대관계가 많아질수록 동호회, 카페, 전자우편, 채팅 등을 통한 관계형을 추구하는 것이 활발해질 것으로 파악된다.


## 6. 본 연구의 함의

북한이탈청소년과 그들의 부모는 남한에 입국하면서 과거 북한에서는 경험하지 못했던 다양한 정보통신매체들을 접촉하게 된다. 특히 새로운 이주국가에서 양육자로서의 부모는 과거 북한 및 제3국에서는 신경 쓸 필요가 없었던 인터넷 매체의 영향으로부터 자녀를 어떻게 보호해야 할지 난감해할 것이다. 우선 본 연구에서는 북한이탈청소년과 부모, 교사, 교우와의 유대관계가 그들의 인터넷 활용유형과 어떠한 관계가 있는지 파악하고자 했다. 이를 통해 북한이탈청소년이 가정에서 부모와의 유대관계가 많아질수록 정보형을 추구하나 유대관계가 소원할수록 오락형을 추구하게 된다는 결론을 얻게 되었다. 전체의 약

50% 이상이 편부모, 조부모, 형제자매 등의 소위 정상적 가족형태에서 벗어난 상태이며, 남한에 무연고로 홀로 입국한 북한이탈청소년도 2010년에만 약 78명에 이르는 것으로 파악되고 있다(통일부 통계자료, 2010). 일부 선행연구에서는 북한가족과의 동거가 오히려 개인의 우울 수준을 높일 뿐만 아니라(한인영, 2001), 북한이탈주민과 같은 난민이주자에게 있어서 가족구성원이나 친인척과 같은 혈육은 개인의 사회 적응과 외로움, 스트레스 완화에는 어느 정도 도움을 주기도 하지만 성공적인 사회문화적 적응을 보장하지는 않는다(Jacob, 1994; 안연진, 2002년에서 재인용)고 제시하고 있다. 여러모로 해체가정이라 할 수 있는 북한이탈주민 가정에서 성장하고 있는 청소년과 주 양육자와의 조화로운 유대관계 형성은 그렇게 수월하지 않음을 예상할 수 있다. 최근 전국에 걸쳐 30여 개로 산재해 있는 북한이탈주민 지원센터(하나센터) 및 지역사회복지관 등에서는 북한이탈주민 가족통합을 위한 프로그램들을 일부 제공하고 있다. 또한 일상생활의 편의와 취업을 위한 컴퓨터 자격증 취득 프로그램도 제공하고 있다. 북한이탈주민을 위한 이러한 서비스 제공은 북한이탈 출신 주 양육자의 인터넷 매체 이해 능력 수준을 향상시키는 데 기여할 것으로 파악된다. 따라서 남한사회 체계에서 성장하게 되는 자녀와 북한사회 체계에서 생존했던 부모 및 조부모 세대와는 사회문화적 오리엔테이션에 있어서 상당한 차이가 있을 것이 자명할 것이므로 북한이탈청소년과 그들 양육자 간에 원활한 유대관계가 증가될 수 있는 이주자 가족복지 서비스 개입을 강조하고자 한다. 이는 인터넷을 통한 메시지의 생산이나 자기표현이 주요한 문화참여의 통로가 되고 있는 오늘날 북한이탈청소년의 바람직한 정보추구를 강화시키고 인터넷 게임중독을 예방할 수 있는 예방적 접

근임을 함의하는 바이다.

　나아가 2010년을 기준으로 남한에 입국한 북한이탈청소년은 약 3,000여 명에 이르고 있다(통일부 통계, 2010). 교육과학기술부의 '2010년 북한이탈청소년 수학현황(2010년 4월 기준)'에 따르면 정규학교 또는 민간 교육시설을 다니고 있는 북한이탈청소년은 1,711명으로 2005년 724명이었던 것에 비해 두 배 이상 증가했다. 이 가운데 정규학교에 다니고 있는 북한이탈청소년은 1,417명으로 전체의 82.8%를 차지했다. 정규학교가 아닌 대안교육 시설에 다니는 북한이탈청소년은 156명(9.1%)으로 나타났다. 2009년 한 해에만 정규학교에 다니는 북한이탈학생 중 초등학교에서는 0.9%, 중학교에서는 8.7% 그리고 고등학교에서 9.4%의 학생들이 중도 탈락한 것으로 나타났다. 재학생 중 무연고자(총 354명)는 주로 무연고 청소년들을 위한 그룹홈과 한겨레중·고등학교, 기숙형 대안학교 등에서 생활하고 있으며 학업과 삶을 병행하고 있는 실정이다(교육과학기술부 교육복지정책과, 2010). 이러한 점을 감안할 때 북한이탈청소년을 교육현장에서 접촉하게 되는 교사 및 교우와의 유대는 상당히 중요하다고 볼 수 있다. 북한이탈청소년들만 모여 수학하는 대안학교보다는 남북한청소년이 함께 수학하는 일반학교 교사와 교우들은 북한이탈청소년의 북한 및 제3국에서의 삶의 경험을 이해할 수 있는 기회가 상당히 부족할 수 있다. 그들은 북한이탈청소년의 문화적응 스트레스와 트라우마 경험, 남북한 학제 차이로 인한 학습능력 부족 및 주 양육자의 남한방식의 학습지원 부족 등으로 인해 발생되는 심리사회적 어려움을 심층적으로 파악하기 어려울 수도 있다. 현재 중·고등학교에서 수업시간에 통일교육을 실시하고 있다. 그 내용의 일부로서 북한문화에 대한 이

해증진과 더불어 남한에 정착한 북한이탈 출신 교우와 친화적 관계
향상을 위해 남한 출신 청소년들이 알아야 할 내용들을 매뉴얼로 구
성하는 것도 남북한청소년의 친화적 교류향상을 위해 필요한 사안임
을 강조하고자 한다.


## 7. 차기연구를 위한 제언

　본 연구에서는 북한이탈청소년의 사회적 지지체계로서 부모, 교사,
교우와의 유대관계가 인터넷 활용유형에 어떠한 영향을 미치는지에
관심을 두고 살펴보고자 하였다. 기술적 통계 설명으로 성별, 가족구
조, 학교유형, 인터넷 활용시간, 대안학교·일반실업계학교, 학교재학
여부 등의 변수에 따른 인터넷 유형별(관계형, 정보형, 오락형) 통계
치를 제시하고자 하였으나 그러한 수치기술이 현재까지 우리 사회의
사회·경제·문화적 소수자에 대한 이해와 관심을 고취시키기보다
성장하고 변화되어 가는 북한이탈청소년에 대해 오히려 선입견과 낙
인으로 작용할 수 있다는 북한이탈주민 관련 연구전문가의 조언에
따라 다루지 않았음을 밝히고자 한다. 차후 적어도 남한사회에 북한
이탈주민이 5만 명 이상 입국하게 된다면 그들을 바라보는 시선도 더
이상은 소수자에 머물지 않을 것이라고 예측해 본다. 향후 후속연구
로서 북한이탈청소년의 인터넷 게임중독 가능성 및 화상교육을 통한
효과성 등을 검증해 본다면 정신건강 및 교육·문화적 측면에 기여
할 수 있는 연구가 될 것이라고 판단된다.

<참고문헌>

교육과학기술부 교육복지정책과(2010), 「10 탈북청소년 교육관련 현황 조사」.

강내원(2004), 「인터넷과 대중매체 이용이 참여에 미치는 영향에 관한 연구: 세대집단 간 비교」, 『한국언론학보』, 48(3), 45~62.

김계수(2007), 『Amos 7.0 구조방정식 모형 분석』, 한나래.

김대업(2008), 『AMOS A to Z: 논문작성 절차에 따른 구조방정식 모형분석』, 경기: 학현사.

김상준(2004), 「부르디외, 콜만, 퍼트남의 사회적 자본 개념 비판」, 『한국사회학』, 38(6). 76~93.

김성수·조도근(2004), 「청소년의 인터넷 서비스 유형별 사용 정도와 인터넷 중독 하위 요인 간의 관계」, 『한국청소년연구』, 15(2), 103~127.

김주환·김민규·홍세희(2009), 『구조방정식모형으로 논문 쓰기』, 커뮤니케이션북스.

김지혜·정익중(2010), 「빈곤은 인터넷 활용에도 영향을 미치는가?: 빈곤이 부모의 지도감독과 청소년의 인터넷 활용유형을 매개로 학교부적응과 학업성취에 미치는 영향」, 『사회복지연구』, 41(3), 29~56.

김진이(2009), 「경제적 압박이 빈곤아동의 학교생활과 문제행동에 미치는 영향: 가족위험변인과 부정적 부모역할의 매개효과 검증을 중심으로」, 『한국아동복지학』, 28, 57~79.

김희자(2009), 「중학생의 인터넷 이용유형과 사회자본: 이용시간의 조절효과」, 『한국청소년시설학회지』, 7(1), 27~37.

김현아(2009), 「새터민의 남한 사이버학습 경험에 대한 질적 연구」, 『통일과 평화』, 2, 21~48.

나은영·박소라·김은미(2007), 「청소년의 인터넷 이용 유형별 미디어 이용 양식과 적응: 블로그형과 게임형을 중심으로」, 『한국언론학보』, 51(2), 12~33.

박부진·이혜영(2000), 「대학생의 인터넷 이용특성과 가족생활의 변화」, 『가족과 문화』, 12(2), 88~103.

이기영·성향숙(2001), 「탈북자 가족 구성원의 가족관계 인식에 관한 조사연구」, 『Korean Journal of Social Welfare』, 47(11), 95~129.

이기영(2002), 「탈북청소년의 남한사회 적응에 관한 질적 분석」, 『한국청소년연구』, 13(1), 175~224.

이옥자·김현경(2007), 「새터민 가족의 재통합을 위한 분투노력: 새터민 가족 사례를 중심으로」, 『한국가족치료학회』, 15(2), 23~45.

이학진·임지흔(2005), 『SPSS 12.0 매뉴얼』, 서울: 법문사.

안여진(2002), 「북한이탈주민 가족의 가족문화 특성에 관한 질적 연구」, 가톨릭대학교 대학원, 사회복지학과 석사학위논문, 서울.

안정신·강인·김윤정(2009), 「한국 중노년 성인들의 성공적 노화척도 개발에 관한 연구」, 『한국가족관계학회』, 13(4), 65~89.

윤인진(2007), 「북한이주민 가족의 사회적응과 사회복지 지원정책 방안: 새터민 가족을 위한 가족복지 지원방안」, 2007년도 한국가족복지학회 춘계학술대회 발표문.

원지영(2009), 「부모의 사회경제적 지위와 가정 내 사회적 자본이 청소년의 학업성취도에 미치는 영향」, 『청소년학연구』, 16(9), 31~52.

길은배·문성호(2003), 「북한이탈청소년의 남한사회 적응문제와 정책적 함의」, 『청소년학연구』, 10(4), 24~49.

박소라·김은미·나은영(2007), 「어린이와 청소년의 인터넷 이용 유형화 및 유형별 친구관계의 특성」, 『사이버커뮤니케이션학보』, 22.

송경재(2005), 「인터넷 사회자본 연구의 동향과 과제」, 『정보화 정책』, 12(4).

이재훈·김경근(2007), 「가족 및 학교 내 사회자본과 학업성취」, 『한국교육학연구』, 13(2).

유토피아닷컴(ukopia.com), 아메리칸 드림의 비극…… 탈북 남편, 아내 살해 후 자살(2011. 6. 21).

윤명숙·송행숙(2010), 「중학생의 충동성과 인터넷게임 중독관계에서 부모, 친구, 교사 애착변인들의 매개효과 검증」, 『사회과학연구』, 27(1), 227~253.

자유북한방송 홈페이지(2011), http://www.fnkradio.com/

조아미·방희정(2010), 「부모, 교사, 친구의 사회적 지지가 청소년의 게임중독에 미치는 영향」, 『청소년학연구』, 10(1), 249~275.

조춘범·임진섭(2010), 「청소년의 부모-자녀 상호작용이 인터넷 게임중독과 비행에 미치는 영향 연구-자아존중감의 매개효과 검증을 중심으로」, 『청소년학연구』, 17(9), 197~226.

장덕진·배영(2006), 「사이버 공간의 공동체와 연결망」, 『사이버커뮤니케이션학보』, 19, 102~139.

청소년보호위원회(2000), 「인터넷 환경이 청소년의 사회화에 미치는 영향」.

한국일보(2010. 5. 10), '다문화 한국'에 '다문화 교사'가 없다.

한인영(2001), 「북한이탈주민의 우울성향에 관한 연구」, 『정신보건과 사회사업』, 11(6), 78~94.

황여정(2007), 「고등학생의 학업스트레스 영향요인: 사회풍토 및 사회자본의 효과를 중심으로」, 제4회 한국청소년패널 학술대회 자료집.

황진수·전신욱(2004), 「북한이탈청소년의 남한사회 적응지원 방안」, 『한국정책과학학회보』, 8(3), 38~56.

탈북자동지회 홈페이지(2011), http://www.nkd.or.kr/

통일부(2011), 「북한이탈청소년 통계」, 통일부 내부자료.


Bonfadelli, H.(2002), "The Internet and Knowledge Gaps: A Theoretical and Empirical Investigation", *European Journal of Communication,* Vol.17, No.1, 128~142.

Bourdieu, P.(1985), *The Forms of Capital, Handbook of Theory and Research for the Sociology of Education* ed. JG Richardson, 241~258, New York: Greenwood.

Coleman, J. S.(1990), *Foundations of Social Theory,* Cambridge, MA: Harvard University Press.

Devellis, R. F.(2003), *Scale Development: Theory and Applications*, 2nd edition, Thousandoaks, CA: Sage publications.

Eynon, R.(2009), "Mapping the Digital Divide in Britain: Implication for Learning and Education", *Learning Media and Technology*, Vol.34, No.4. 65~87.

Horvat, E. M., Weininger, E. B. & Lareau, A.(2003), "From Ties to Social Capital: Class Differences in the Relations between Schools and Parent Networks", *American Educational Research Journal*, Vol.40, No.2, 47~62.

Lamba, N. K. & Krahm, H.(2003), "Social Capital and Refugee Resettlement: The Social Networks of Refugees in Canada", *Journal of International Migration and Integration,* Vol.4, No.3, 59~73.

Lenert, M. E. & Voigtmann, M.(2007), "The Internet as a Place for Community Action: Result from the Promise Tahoe Website Trial", *American Communication Journal,* Vol.9, No.4, 86~102.

Koivusilta, L, K., Lintonene, T. P. & Rimpelä, A. H.(2007), "Orientations in Adolescent Use of Information and Communication Technology: A Digital Divide by Socio-Demographic Background, Educational Career, and Health", *Scandinavian Journal of Public Health*, Vol.35, No.1, 76~93.

Parcel, T. L. & Dufur, M. J.(2001), "Capital at Home and at School: Effects on Child Social Adjustment", *Journal of Marriage and the Family*, Vol.63, No.1, 43~68.

Paxton, P.(1999), "Is Social Capital Declining in the United States? A Multiple Indicator Assessment", *The American Journal of Sociology*, Vol.105, No.1.

Portes, A.(1998), "Social Capital: Its Origins and Applications in Modern Sociology", *Annual Review of Sociology*, Vol.24. 37~56.

Vallentine, G. & Holloway, S. L.(2002), "Cyberkids? Exploring Children's Identities and Social Networks in On-Line and Off-Line Works", *Annals of the Association of American Geographers*, Vol.92, No.2, 98~127.

Ⅳ

# 남한 입국 이후 적응과정으로서의
# 정보체계 활용: 성인기를 중심으로

# 1. 연구의 목적 및 필요성

남한에 입국한 북한이탈주민의 규모는 2011년 6월을 기준으로 2만 3,000여 명으로 집계되었다(통일부, 2011). 증가하는 북한이탈주민의 숫자만큼이나 우리 사회에서도 난민이주자인 그들의 삶의 질 향상을 위해 다양한 직간접적인 서비스들을 제공하고 있다. 그중 하나원에서 북한이탈주민에게 가장 인기 있는 교육과정이 컴퓨터 교육(민성길, 2005)이라고 할 때, 본 연구자는 이미 인터넷 세계 강국이 된 남한에서 거주하고 있는 북한이탈주민의 인터넷 활용은 어떠한 현상적 특징을 갖는지 궁금하였다. 북한에서 인터넷을 전혀 경험하지 못한 북한이탈주민들이 3개월의 하나원 교육을 수료한 이후 남한사회로 편입하게 되면서 개인의 상황에 따라 적응에 필요한 도움을 구하게 된다. 비록 그들이 남한에서 부족한 지지기반으로 일상을 시작하게 되나 과거 북한 및 제3국 체류기간에 누리지 못했던 한국사회의 테크놀로지 발달의 혜택을 누리고 있기도 하다. 따라서 본 연구에서는 북한이탈주민이 우리 사회에서의 적응과 개인 성장을 위해 활용하게 되는 인터넷 체험의 의미를 파악하여 인터넷 서비스의 활성화에 기여하고자 한다. 이러한 탐색적 연구는 사회복지실천 기술의 개입 확대를 도모할 것으로 파악된다. 이는 기존의 고전적인 방식인 오프라인 상태에서의 직접 실천방법(Social Work Direct Service in Face to Face)의 제한성을 확대하여 간접 실천방법으로서 사회복지 서비스 지평의 확대를 목적으로 한다. 본 연구를 위한 질문은 "사회적 지지체계로서 북한이탈주민의 인터넷 활용의 의미란 무엇인가?"이다.

## 2. 문헌고찰

### 1) 북한이탈주민의 정의

'북한이탈주민'이란 「북한이탈주민 보호 및 정착지원에 관한 법률」에 명시되어 있는 "북한에 주소, 직계가족, 배우자, 직장 등을 두고 있는 자로서 북한을 벗어난 후 외국의 국적을 취득하지 아니한 자"에 속한다. '북한이탈주민'이란 용어는 월남귀순자, 월남귀순용사, 귀순북한동포 등에 비해 상대적으로 탈이데올로기적 성격을 갖는 용어이기에 2005년부터 통일부는 '북한이탈주민'을 공식적인 법률용어로 적용하되 이 명칭 대신 '새터민'이라는 명칭을 사용하도록 권장하고 있다. '새터민'이란 '새로운 터전에서 삶을 시작하는 사람'이라는 의미이다. 하지만 북한이탈주민 자신들이 '새터민'이란 용어에 거부감을 표현하면서 북한이탈주민으로 명명되는 것을 선호하였기에 2008

년부터 법적 용어인 '북한이탈주민'으로 명명하고 있다.

## 2) 북한이탈주민과 사회적 지지에 관한 문헌고찰

사회적 지지는 개인의 안녕(Well－Being)으로부터 정신장애, 스트레스 사건, 폭력, 가족해체, 알코올 및 약물남용, 이혼, 사별, 노인성 치매, 암, 에이즈 그리고 죽음에 이르기까지 거의 모든 사회문제를 해결하는 데 적용되고 있으며 다양한 부분에서 실질적인 효과성이 입증되고 있다. 특히 이주자의 경우 이주 이후 재정착하는 과정에서 정보적 측면, 물질적 측면, 심리 정서적 측면에서 사회적 지지의 중요성은 상당히 강조되고 있다(김현경, 2007, 2009; 이소래, 1997). 새로운 이주국에서 원조요청 방법, 고용, 건강관리, 법률상담, 교육 등 이주자의 삶의 질을 향상시키는 데 직간접적으로 지원되는 사회적 지지는 그들의 적응과 성장을 촉진시킨다. 따라서 이주자에게 사회적 지지는 생활사건에서 삶의 만족을 중재하는 역할을 하고 외상 후 스트레스 및 우울증을 유의미하게 낮추어 주는 보호적 기능을 한다고 제시하고 있다(김현경, 2007; Kim & Lee, 2009; Young, 2001). 또한 남한사람으로부터 제공되는 도구적·심리적 지지는 현실적으로 비슷하게 힘든 상황에 있는 같은 북한 출신으로부터 기대하기 어려운 일이기에 북한이탈주민들에게 더욱 유용한 자원이 되는 것으로 나타나고 있다(김현경, 2007, 2008; Kim & Lee, 2009). 물론 북한이탈주민을 포함한 이주자들이 사회적 지원을 제공받는 순간 개방적이고 자발적으로 새로운 사회와의 연계를 형성하는 것은 아닐 수 있다. 하지만 시간이 경과하면서 개인이 처한 이주국의 사회문화적 환경이 자신과는 분리되어 있음을 인식하고 심리적 외로움으로 인해 주류 사회문화와 새로운 연계를 형성하게 되는 것이다. 점차 자신의 입장과 유사한 이주자 개인 및 가족들을 돕기 위한 사회적 연계를 재형성하고자 한다(Herman, 1997; Mekki―Berrada et al., 2001). 그러한 과정에서 대부분의 북한이탈주민은 하나원에서 처음으로 접하게 되는 컴퓨터 교육을 통해 남한사회 적응을 위한 징보화의 중요성을 인식하게 될 것이다. 그리고 남한에서의 정보습득이 북한사회처럼 반드시 대인을 거쳐야 하는 방법이 아니더라도 가능하다는 점을 인식하게 되면서 인터넷의 역량을 수용하고 활용하고 싶어 한다는 점은 하나원에서 컴퓨터 교육의 인기를 통해 유추할 수 있겠다.

## 3) 인터넷 활용의 가치와 기대효과

디지털 시대의 커뮤니케이션은 대화, 교류, 연대, 긍정적 관계의 창출로 이어지고 있다. 새로운 기술은 개인들이 공간과 문화의 경계를 넘어 만날 수 있게 해 주고 새로운 세계에서 새로운 형태의 인간관계를 맺고 자기 인식에 영향을 받게 되는 것이다. 과거에는 신문에 게시된 사진이나 기사만이 유일한 정보였겠지만 이제는 개인이 찍은 동영상이나 사진, 뉴스 등을 시간과 공간을 넘어 인터넷을 통해 쌍방이 교류할 수 있는 시대가 되었다. 이렇게 디지털 매체를 통해 형성된 네트워크 커뮤니티는 고정됨 없이 지속적으로 변화되는데 일반적으로 개인은 자신과 유사한 배경을 지닌 다른 개인들과 커뮤니티를 형성하게 된다. 이 커뮤니티는 내부에서 공유된 규범과 정립된 이데올로기를 매개로 동질적 성격을 지닌 커뮤니티와 연결되는 경향이 있다. 특히 우리 사회에서 개인이 지닌 전통적 연고인 출신지역, 출신 학교, 유사한 정치성향은 사회구성원을 묶는 주요한 매개체이다. 이렇게 인터넷 공간에서는 시간과 공간의 제약에서 벗어나 개인 간, 집단 간, 조직 간 커뮤니케이션이 쉽게 이루어질 뿐만 아니라 자연 발생적이고 지역적인 속성을 지닌 전통적인 커뮤니티를 대신하면서 개인적 가치, 신념, 이데올로기를 매개로 새로운 관계를 성립시킨다. 인터넷을 통한 사회 네트워크의 경우 사람들이 연결되어 있는 관계망으로 표현할 수 있다. 즉 사람 사이의 '사회적 관계'를 토대로 성립된다. 네트워크 이론가들은 네트워크 효과를 정보획득 효과와 지원 효과로 집약하고 있다. 전자의 경우 인터넷 네트워크를 통하면 원하는 정보를 얻는 데 드는 비용과 시간을 줄일 수 있으며 얻은 정보의 질도 우수한 편이라는 것이다. 후자의 경우 네트워크에 의해 맺은 다른 사람들로부터 정서적 지원, 물질적 지원, 조언 및 충고 등의 효과를 얻을 수 있다는 점이다(박윤희, 2010; 정동규, 2005; 원우현, 2002; Jones, 1998).

## 4) 북한이탈주민의 인터넷 및 모바일 활용 경향성

북한이탈주민의 하나원 교육과정에서 가장 흥미롭고 유용했던 교과가 컴퓨터 학습이었고 그다음이 자동차운전 교육으로 응답되었다(민성길, 2005)는 점을 고려해 볼 때 북한이탈주민의 인터넷 활용에 대한 관심은 상당히 지대하다는 것을 알 수 있다. 현재 우리 사회에서 제공되고 있는 북한이탈주민 관련 인터넷 서비스는 통일부 홈페이지를 중심으로 하여 탈북자동지회 홈페이지, 새터민쉼터 홈페이지, NK지식연대 홈페이지, 북한이주민지원센터 홈페이지, 북한이탈주민

지원재단 홈페이지, 전국에 소재한 지역사회복지관 및 다문화가족지원센터 홈페이지, 각 종교기관 홈페이지 등 셀 수 없을 정도로 많은 수에 이르고 있다. 이렇게 다양한 기관들에서 제공되고 있는 북한이탈주민을 위한 인터넷 서비스로는 교육, 문화, 정치, 취업영역 등 상당히 다양한 영역이 마련되어 있다. 하지만 그러한 활용 경험이 그들에게 어떻게 유용한 결과로 연계되고 있는지에 대한 연구는 거의 드문 실정이다.

조용완(2006)은 한국정보화진흥원(KADO)의 북한이탈주민의 인터넷 이용에 관한 실태조사를 언급하면서 음악·라디오 듣기, 영화 보기, 신문·잡지·뉴스 보기 다음으로 업무 및 학업 관련 정보검색이 큰 비중을 차지한다고 강조하였다. 또한 부산지역 거주 북한이탈주민을 중심으로 조사한 결과 PC 보유 여부의 경우 64.7%로 나타났으며, 인터넷 이용에 있어서도 부산지역 북한이탈주민의 경우 68.1% 정도로 나타나 우리나라 전체 인터넷 이용률 71.9%와 비교했을 때 약 3.8% 정도 낮은 비율을 보였다고 제시하고 있다. 조사대상 북한이탈주민들의 정보원 유형별 이용 정도의 경우 대인 정보원이 32.9%, 인터넷, TV, 라디오, 잡지, 생활정보지 등과 같은 매체 정보원이 29.8%, 공공기관 정보원이 12.5%, 민간 및 종교단체 정보원이 16.3%, 민간영리업체 정보원이 0.8%로 나타났다고 한다. 한국정보문화진흥원(2005)의 북한이탈주민 정보화 실태조사에서는 인터넷 접속방식으로서 초고속 인터넷을 사용하는 가구는 73.8%로서 전체 국민의 99.2%에 비해 25.4% 정도 떨어지는 격차를 나타냈으나, 휴대전화 보유의 경우 북한이탈주민의 휴대전화 가입비율은 89.9%로서 전체 국민의 휴대전화 가입률과 비교했을 때 별다른 차이를 보이지 않았다. 덧붙여 행정

안전부와 한국정보화진흥원은 '2011년 정보격차지수 및 실태조사'를 통해 정보소외계층(취약계층)의 정보화 수준을 살펴본 결과 조사대상자의 일부인 북한이탈주민 600명의 정보화 수준은 100점 만점에 66.0점이었다고 하였다. 또한 조사대상 북한이탈주민의 PC 보유율은 100가구를 중심으로 할 때 59.7가구였다. 행정안전부는 "모바일 정보격차를 해소하기 위해 모바일 활용교육을 강화하고 새로운 정보 소외계층인 북한이탈주민의 정보격차 해소에도 적극 나설 것"이라고 설명하고 있다. 김현아(2008)는 국내 사이버대학교에 다니고 있는 북한이탈주민 대학생 10명을 대상으로 사이버 학습의 기대효과를 연구하였다. 결과적으로 학습에 대한 지지체계, 학업에 대한 동기유발, 사이버 대학생으로서의 고충과 고려사항 등에 관한 체험을 다루면서 북한이탈주민을 위한 e - 러닝 체계 보완에 관심을 두었다. 나아가 북한이탈주민에게 인터넷을 통한 교육은 북한에서 그리고 탈북과정에서 박탈되었던 배움의 기회를 확장시킨다는 점에 긍정성을 두었다.


## 3. 연구방법

### 1) 연구참여자

본 연구참여자는 서울·인천을 중심으로 북한이탈주민이 집중적으로 거주하고 있는 지역의 하나센터, 종합사회복지관, 천주교민족화해위원회 북한이탈주민 자치모임을 이용하고 있는 북한이탈주민 10명이다. 남한 거주기간은 3~6년이며, 성별은 남성 5명, 여성 5명이다.

연령은 20대부터 40대이다. 직업은 대학생 2명, 전업주부 2명, 자영업 3명, 생계근로자 2명, 의료인 1명이다.

〈표 Ⅳ-1〉 북한이탈주민의 사회적 지지를 위한 인터넷 활용 체험 결과 분석

| 참여자 | 성별 | 연령대 | 직업 | 남한 거주 기간 | 제3국 기주 기간 | 북한·중국 체류가족 남한 입국여부 | 인터넷사용 빈도 | 인터넷 사용시간 (주 단위) | 인터넷 활용 주 내용 |
|---|---|---|---|---|---|---|---|---|---|
| 1 | 여성 | 20대 | 대학생 | 5년 | 3년 | ○ | 주 5회 | 4시간 | 생활문화, 수업자료 |
| 2 | 여성 | 30대 | 주부 | 4년 | 7년 | ○ | 주 3회 | 3시간 | 뉴스, 음악청취 |
| 3 | 여성 | 30대 | 의료인 | 5년 | 3년 | ○ | 주 5회 | 3시간 | 다양한 정보 |
| 4 | 여성 | 40대 | 주부 | 3년 | 4년 | × | 주 2회 | 3시간 | 생활문화 |
| 5 | 여성 | 40대 | 자영업 | 6년 | 5년 | ○ | 주 2회 | 2시간 | 뉴스, 기타 |
| 6 | 남성 | 20대 | 대학생 | 5년 | 2년 | ○ | 주 6회 | 6시간 | 음악청취, 다양한 정보 |
| 7 | 남성 | 30대 | 근로자 | 4년 | 3년 | × | 주 3회 | 3시간 | 생활문화 |
| 8 | 남성 | 40대 | 자영업 | 4년 | 6년 | × | 주 3회 | 3시간 | 뉴스, 기타 |
| 9 | 남성 | 40대 | 근로자 | 3년 | 5년 | × | 주 2회 | 3시간 | 음악청취, 뉴스 |
| 10 | 남성 | 40대 | 자영업 | 6년 | 4년 | ○ | 주 4회 | 3시간 | 생활문화 |

## 2) 자료 수집

본 연구참여자는 유의적 표집방법인 눈덩이 표집(Snowball Sampling) 방법을 사용하여 모집되었다. 우선 본 연구자와 평소 친밀감이 형성되어 있는 북한이탈주민에게 직접 연락하여 면담 후 자료를 녹취하였다. 참여자와의 면담 이후 관련 경험을 풍부하게 이야기해 줄 수 있는 대상자를 눈덩이 표집방식으로 확보하였다. 눈덩이 표집방법은 북한이탈주민과 같이 만나기 쉽지 않은 대상자들로부터 얻기 힘든

자료를 보다 쉽게 구할 수 있다는 장점이 있기에 본 연구에 적용하였다. 10명의 대상자와 전화 및 이메일 교신, 1~2회의 직접 만남을 통해 새로운 자료가 나오지 않을 때까지 자료를 수집하였다. 자료 수집 기간은 2011년 1월부터 3월까지 약 3개월 정도였으며, 1회 소요시간은 70분에서 90분 정도 소요되었다. 면담 시작 전에 본 연구의 취지에 대한 설명을 하였으며 관련하여 동의서에 서명을 받았다. 면담내용은 모두 녹취하였고 면담 이후 본 연구자가 반복하여 들으며 직접 필사 후 분석하였다.

## 3) 자료 분석

### (1) 내러티브 탐구방법

본 연구는 북한이탈주민의 사회적 지지체계로서 인터넷 활용체험을 분석하기 위해 질적 연구방법들 중 내러티브 탐구방법을 적용하였다. 내러티브 탐구방법은 사회문화적 구성주의 논리에 기반을 둔 연구방법으로서 인간의 상황과 경험에 관심이 있으며, 경험에 의미를 부여하는 가장 좋은 방법이다. 본 연구에서는 내러티브 탐구방법을 위해 존 듀이(John Dewey)의 사회구성주의 경험론에 바탕을 둔 코널리와 클랜디닌(Connelly & Clandinin, 2000)의 방법론을 따르고자 한다. 코널리와 클랜디닌의 내러티브 탐구방법은 한 장소 또는 일련의 장소(Commonplace)에서 환경과의 상호작용 속에서 일어나는 연구자와 참여자 간의 협력과정이며 그들의 삶의 이야기라고 하였다. 또한 삼차원 공간을 경험에 대한 관점으로 삼는다. 존 듀이(John Dewey)의 삼차원 공간은 상황(Situation), 지속성(Continuity), 상호작용(Interaction)으로 구성되며 경험에 대한 사고의 틀을 제공하고 있다. 내러티브 연구는 Inward(감정, 희망, 심미적 반응, 도덕성처럼 내적 상태를 향하는 것을 의미), Outward(환경인 실존적 상태를 향하는 것을 의미), Backward와 Forward(시간성으로 과거, 현재, 미래를 의미)로 여행할 수 있도록 방향성을 이끌어 간다. 내러티브 탐구는 어떠한 사회과학 방법들보다 더 '무엇이 사실인가?'를 발견하고자 하는 방법으로 가장 탐색적인 연구방법이다. 내러티브는 관점, 메시지, 주제가 있는 이야기를 말하는 것이며 인간의 경험에 초점을 두고 인간경험의 기본적인 구조이며, 총체적인 질(Holistic Quality)을 가지고 있다. 또한 내러티브는 개인적·사회적·문화적 측면에서의 인간의 삶을 보여 준다. 따라서 내러티브에는 시간과 사회적 존재로서의 우리의 경험이 스며 있으며 공유된 신념과 문화적 가치를 구성하고 전하며 변형시킬 수 있다는 점을 강조하기 때문에(이민영, 2005) 본 연구에 활용하고자 하였다. 과거 북한에서는 인터넷이라는 도구를 전혀 활용해 본 경험이 없었던 북한이탈주민이 남한 이주생활을 시작하게 되면서 자연스럽게 접하게 되는 낯선 체험의 일부인 인터넷을 어떻게 지각하고, 느끼고, 해석하고 있는지 그들의 의미를 내러티브를 통해 확인해 보고자 한다.

(2) 연구의 엄격성

본 연구에서는 연구의 엄격성을 높이기 위해 맥스웰(Maxwell, 1996)의 철학적·실천적 타당도 이론을 적용하고자 하였다. 우선 기술적 타당도(Descriptive Validity)는 물리적 대상, 사건 및 행동이 그들과 관계된 참여자들에게 어떤 의미인지에 대한 연구자의 판단의 사실적 정확도에 관련이 있다. 이것은 연구자가 현장 텍스트를 조작하거나 왜곡하지 않고 텍스트를 있는 그대로 현재화하는 것이다. 이를 위해 본 연구자는 참여자들의 행동, 말, 태도의 흐름을 가능한 한 정확하게 기록(녹취)하였다. 둘째, 해석적 타당도는 의도, 인식, 애정, 믿음, 가치, 협의적 의미에서 '참여자들의 관점'과 '의사소통을 통한 의미'와 관련된 것이다. 따라서 참여자가 무엇을 경험하는지, 행동하는지, 느끼는지, 이해하는지 등을 나타냄으로써 해석적 타당도는 확실해진다. 이를 위해 본 연구를 통해 수집된 해석은 참여자의 목소리, 느낌, 태도, 표현의 조화를 통하여 해석적 결과가 참여자의 삶을 그대로 보여 주도록 노력함으로써 타당도에 기여하고자 하였다. 셋째, 이론적 타당도는 참여자들의 관념과 이론을 통합시키는 것이다. 이는 연구자의 설명, 기술 및 현장으로부터 얻은 해석과 참여자와의 공동작업으로 받아들여질 수 있다. 즉 자료 수집과 분석과정에서 연구자와 참여자 간의 공동작업을 수행하였는데 연구자와 관계형성을 통한 대화는 '공동의 목소리-의미'를 만드는 것을 가능하게 하였다. 넷째, 일반화 가능성이다. 일반화 가능성은 본 연구결과에서 얻어진 내용들이 다른 참여자에게서도 동일하게 작용하는지를 보여 주는 것이다. 물론 질적 연구는 양적 연구와는 달리 일반화의 가치를 강조하지는 않는다. 하지만 본 연구의 일반화 가능성은 각 참여자의 이야기가 다른 참여자의 이야기 속에서 강화되어 나타나는 것으로 확인하였다. 이를 통해 북한이탈주민의 경험의 고유성을 확인할 수 있었다. 다섯째, 평가적 타당도는 생생한 이야기의 평가적 암시를 포함하기 때문에 이야기에서 기술된 행위자, 행위, 태도 및 사건에서 무엇이 옳고 무엇이 그른지에 관한 이슈를 의미한다. 이를 확인하기 위해 하나센터에서 실무적으로 북한이탈주민을 접촉하는 전문가 1인의 의견과 비평을 받아들여 평가적 타당성을 확보하고자 하였다.

### (3) 면접 질문내용

본 연구를 위해 연구참여자들에게 다음의 면접내용들을 중심으로 질문하였다.

① 북한이달주민으로서 당신은 인터넷 활용을 통해 어떠한 도움을 받고 계십니까?

② 북한이탈주민으로서 주로 무엇을 찾기 위해 인터넷을 활용하십니까?

③ 북한이탈주민인 당신에게 인터넷 활용이 주는 의미란 무엇입니까 등이다.

## 4. 결과

본 연구대상자와의 심층면담을 통한 자료를 바탕으로 본 연구 질문에 대한 경험을 분석한 결과 2개의 범주, 11개의 하위범주, 27개의 주요개념으로 정리되었다. 연구 분석결과는 <표 Ⅳ- 1>에 제시하고 각각의 구체적 범주와 개념 등에 대해 설명하고자 한다.

| 범주 | 하위 범주 | 개념 |
|---|---|---|
| 정서적 자원으로서의 지지 | 이문화 습득의 힘겨움을 완화시킴 | 북한 언어의 활용으로 누적된 긴장을 다스림 |
| | | 외래어 활용의 난해함을 공유함 |
| | 가족의 빈자리를 메워 줌 | 해체 가족의 상실을 나누게 됨 |
| | | 내가 아닌 우리 |
| | | 대체 가족과 연계됨 |
| | 북한이탈주민의 통합을 위해 북한 출신의 정체성을 드러냄 | 같은 고향 사람을 끌어 주고 싶은 심정 |
| | | 북한이탈주민을 통한 북한이탈주민을 위한 북한이탈주민과 함께 |
| | 치유와 격려를 나눔 | 타향살이의 외로움을 달래 줌 |
| | | 북한이주자의 고단한 정서를 공유함 |
| | | 댓글을 통한 지지와 격려로 힘을 냄 |
| | 남북한 이문화의 통합을 그려 봄 | 남북한문화의 상이성을 조화롭게 터득하고자 함 |
| | | 북한 출신의 자긍심을 지키고 싶음 |
| | | 왜곡된 역사 해석의 혼란을 벗겨 나감 |
| 정보적 자원으로서의 지지 | 당당하게 알아 가기 | 새로운 정보 습득하기 |
| | | 나이와 관계없이 배울 수 있음 |
| | 이주생활에 대한 지속적 배움의 자극 | 일과 학습 병행이 가능한 사이버 교육의 긍정성 활용 |
| | | 인터넷을 알아야 이해할 수 있는 이주생활 |
| | | 자기 계발의 지속성이 요구되는 남한생활 |
| | 가족통합의 실마리 제공 | 북한 및 제3국에 남겨진 가족(친척) 찾기 정보를 기대함 |
| | | 인터넷 정보를 통해 북한 고향의 근황을 파악함 |
| | 직업 및 학교 선택의 정보가 됨 | 다양한 직업에 대한 기초자료를 얻게 됨 |
| | | 학교에 관한 정보를 제공받음 |
| | 새로운 사상과의 만남 | 자본주의를 이해하고 준비함 |
| | | 자원봉사의 의미를 알게 됨 |
| | | 북한체제의 허상을 확인함 |
| | 물질적 지원 정보를 확인함 | 개인 성장의 초석이 되는 후원자 발견 |
| | | 무료진료의 혜택을 찾음 |

## 1) 정서적 자원으로서의 지지

### (1) 이문화 습득의 힘겨움을 완화시킴

북한이탈주민은 북한 출신에 대한 편견이 실존하는 우리 사회에서 거부감 없이 남한 출신들과 어울리기 위한 방편으로 남한 언어를 써야 한다는 점, 외래어를 익혀야 한다는 부담을 표현하였다. 한민족이었으나 60여 년의 분단으로 외국인이 되어 버린 새로운 터전의 문화를 학습하는 데 동반된 심리적 혼돈을 같은 북한 출신과 공유함으로써 정서적 지지를 얻는 것으로 나타났다.

### ① 북한 언어의 활용으로 누적된 긴장을 다스림

남한사람 만나면 북한사람 티 내지 않으려고 말부터 긴장한다 말입니다. 상점에 가도 북한말 나와서 사람들 시선을 받을까 봐 말을 안 했어요. 옷 살 때도 손으로 옷을 잡고 눈으로는 상점 주인을 봐요. 상점 주인이 마음에 드느냐고 물어봐도 대답 안 했어요. 그랬더니 자기들끼리 '벙어리인가 봐…' 그러더라고요. 그런 날은 인터넷 대화방에 들어가서 북한말로 주고받으면 마음이 편해지고…. 같은 북한사람끼리는 다 알아들으니까 북한말로 댓글 달아… 잠시라도 고향에 있는 것 같다는 착각을 하게 된다 말입니다(참여자 3).

### ② 외래어 활용의 난해함을 공유함

영어 공부할 때 북한에서 'object'를 '대상어'라고 했는데 한국서는 '목적어'라고 해서 학원 다닐 때 처음엔 못 알아들었습니다. 북한친구들끼리 인터넷 채팅할 때 그런 얘기 하거든요. 나만 그런 건 아니구나…. 혼자 웃기도 하고…(참여자 1).

'돈가스', '프라이드치킨' 그런 말은 하나원에서 처음 배웠는데, 사실 북한에는 그런 말이 없다 말입니다. 내가 한국사람이 아니고 무슨 외국인인 것 같은 생각이 들고…. 사회 나와서도 우리말은 우리말인데 도대체 무슨 뜻인지 몰라서 가끔 인터넷 사전을 찾아보는데…(참여자 6).

## (2) 가족의 빈자리를 메워 줌

북한이탈주민은 일반 이주자가 아니기에 가족 전체가 함께 국경 이동을 하는 것이 상당히 위험한 일이라고 볼 수 있다. 따라서 단신 또는 가족의 일부만 국경을 넘게 된다. 이러한 가족해체로 인해 거의 대부분 북한이탈주민이 남한정착과정에서 죄책감, 우울, 상실감, 외로움 등을 느끼게 된다. 북한이탈주민은 그러한 경험을 인터넷에서 공유하며 위로를 주고받기도 한다.

## ① 해체 가족의 상실을 나누게 됨

하나원에 있을 때는 북한사람들하고 있으니까 몰랐어요. 막상 사회로 나오니까 가족이 그리워지는 거예요. 북한에서 남한 갈 때 어머니한테 알렸어요. 어머니가 내 바지 자락을 잡고 가지 말라고 했지만…, 어머니가 너무 보고 싶어서 한국서 전화를 했어요. 북에서 중국으로 건너갈 때 내가 쓰던 핸드폰을 어머니한테 주고 왔거든요. 어머니는 내가 아직 중국에 사는 줄 알아요. "엄마, 나 혼자 외롭고… 엄마가 와서 나 밥도 해 주고 그러면 좋은데…, 엄마도 나랑 같이 살고 싶

지?", "나도 너하고 같이 살고 싶지. 그런데 두만강 건너다가 잡힐까
봐 겁이 난다" 그러시는 거예요. 만일 국경 넘다가 보위부에 잡히면
노인네가 어떻게 되겠어요. 북한에서는 남한 가다 잡히면 노인네도
무조건 때리거든요. 날 위해 오라 한 거지 어머니 생각을 못 한 거지
요. 내가 통화한 거 걸리면 어머니 신변이 위험해지니까 앞으로 전화
하지 않겠다고 하고 끊었어요. 그렇게 마음이 힘들 때는 일부러 북한
사람들이 쓴 글을 보려고 인터넷에 들어가 보는데…, 가족들 보고 싶
어서 수기 올린 사람 글을 읽어 보고 내 마음도 그렇다고 댓글 쓰고…
(참여자 4).

### ② 내가 아닌 우리

추석이나 명절이 다가올 때 북한사람 모이는 사이트 들어가 보면
통일전망대 가니까 어디서 모여라, 가을체육대회 하는데 어디로 와
라, 이북 5도청 모임 어디서 한다. … 공지사항이 떠요. 한국에서 내
곁에 누군가 있다는 건 사는 데 힘이 되지요. 작년 추석에는 인터넷
공지 보고 북한사람들하고 통일전망대 가는 모임에 참석했어요. 망원
경으로 보니까 내가 살던 마을이 바로 앞에서 보이고 북에 두고 온
자식이 생각나서 눈물이… 북쪽을 바라보지 못하겠는 거예요. 같이
간 사람들도 다 울고…(참여자 8).

### ③ 대체 가족과 연계됨

북에서 살 때 남북은 하나라고 배웠습니다. '우리는 하나'라는 노
래도 있어요. "하나 민족도 하나, 하나 핏줄도 하나, 하나 이 땅도 하
나, 둘이 되면 못 살 하나, 긴긴 세월 눈물로 아픈 상처 씻으며… 하나

언어도 하나, 하나 문화도 하나…" 나는 중국서 인천공항으로 들어왔는데 여기 사람들 옷차림에서부터 하나가 아니라는 걸 한 번에 알았어요. 내가 이런 곳에서 살 수 있을까. 지내보니 말씨도 다르고 생각도 다르고…. 한국에 오기 전에 중국 농촌에서 주인집 일 도와주며 살았는데 그냥 밥만 먹고 살았어도 주인집 가족들이 나한테 중국말도 하나씩 가르쳐 주고 가족처럼 대해 줬어요. 5년을 같이 살았거든요. 한국에 와서 외로우니까 중국 가족이 더 그리워지고… 못 먹고 못 입고 그랬지만 그때가 마음이 더 편했다는 걸 여기 와서 알게 됐어요. 북한 아버지한테는 전화 못 하지만 중국 아버지한테 국제전화를 자주 했는데 중국 여동생이 대학에 입학했대요. 내가 보고 싶다면서…. 중국엔 인터넷이 되니까… 중국 여동생하고 인터넷 채팅하면서 여기 생활에 대해서 알려 줬더니 'made in korea' 옷 사 가지고 중국에 놀러 오라고…(참여자 7).

(3) 북한이탈주민의 통합을 위해 북한 출신의 정체성을 드러냄

인터넷에 북한 출신임을 솔직하게 드러내어 같은 북한이주자의 삶에 용기를 주고 도우려는 의지를 나타내고 있었다.

① 같은 고향 사람을 끌어 주고 싶은 심정

처음 사회 나와서는 남한사람하고 대화도 안 되고, 능력도 없고 경제적으로도 영세민이지만 내가 북한 출신이라서 할 수 있는 걸 생각하다 어릴 때 고향에서 순대 만드는 게 떠올랐지요. 돈을 모아서 '○○ 순댓국집'이라고 북한식 순댓국집을 차렸어요. 북한사람들이 많이 모여 사는 이 동네에 상점을 냈는데… 북한사람은 거의 오지 않고 남

한손님만 오세요. 그래도 직원만은 북한사람이면 좋겠다 싶어서 북한사람이면 거의 다 아는 인터넷 사이트에다 채용 공지를 부탁했지요 (참여자 5).

**② 북한이탈주민을 통한 북한이탈주민을 위한 북한이탈주민과 함께**

텔레비선에서 한국남자하고 결혼한 몽골여자가 국회의원이 된 걸 보고 내 아이도 나중에 한국에서 국회의원이 될 수 있을까? 잠깐 그런 생각을 해 본 적이 있었는데… 얼마 전에 인터넷 토론방에서 보니까 비슷한 생각을 하고 있는 북한사람들이 있더란 말입니다. 우리 중에서도 국회의원 좀 나와야 하지 않겠나… 막상 출마했는데 지역에서 떨어졌다 말입니다. 지금은 어쩔 수 없지요. 북한사람 숫자가 적고 아직 통일이 안 됐으니까… 출마했다는 게 중요하지요(참여자 2).

### (4) 치유와 격려를 나눔

북한이탈주민은 난민이주자로서 자국을 벗어나기 위해 불법으로 국경을 넘어야 하는 고단한 과정을 거치게 된다. 이로 인한 신체적·심리적·정서적 후유증을 겪게 된다. 합법적으로 자국으로 돌아가는 것 자체가 위험한 북한 출신은 그들의 추억을 되살리는 인터넷 콘텐츠를 보고 들으면서 제한되나마 마음의 고통을 다스리고 보듬고자 한다.

### ① 타향살이의 외로움을 달래 줌

북한사람이 같은 동네 아파트에 살아도 실제로 모이지는 않는다 말입니다. 하나원 동기거나 같이 탈북해서 들어온 사람이면 그나마 친하게 지낼 수 있지만… 여기서 잘 정착하려는 사람일수록 북에서 왔다는 걸 감추는 게 낫다 말입니다. 스스로 중국교포라고 말하기도 하고…
저녁이 되면 고향 생각이 나서 마음이 외로워져요. 그럴 때 같이 국경
넘어 들어온 사람들한테 전화해서 한 시간씩 이야기도 하고 채팅도
하고… 그래도 잠이 안 오면 인터넷 뒤져서 북한노래, 연변노래 듣다
보면 몸은 여기 있어도 마음은 벌써 고향으로…(참여자 9).

### ② 북한이주자의 고단한 정서를 공유함

대화방이나 토론방 이리저리 돌아다니다 보면… 국경 넘다 북송돼
서 수용소 가서 죽다시피 살다가 한국에 들어온 사람이 무슨 병인지
는 정확히 모르겠지만 계속 아프다고 올려놨어요. 그게 바로 탈북 후
유증인데 우리야 딱 알지요. 여기 병원 가서 진찰받아 봐도 수면제나
주지 확실하게 낫는 건 아닌데… 나도 한국 와서 계속 가슴이 아파서
병원엘 갔어요. 내가 심장병이 아니냐고 하니까 병원서 아니라는 거
야. 몇 달 동안 수면제만 받아먹었어요. 북한사람이 아니면 의사도 잘
모르지. 6·25전쟁 열 번 정도 겪었다고 생각하면 되니까… 당신만
아픈 게 아니다, 처음 한국에 오면 그렇게 몸도 마음도 다 지치고 아
픈 거다, 그렇게 댓글을 올려…(참여자 10).

### ③ 댓글을 통한 지지와 격려로 힘을 냄

북에서 고난의 행군, 고난의 강행군… 그렇게 10년을 넘게 지내다
보니까… 함경북도에서 식량 구하러 간다는 말을 '행방' 간다고 해요.
한 번 가면 안 온다, 그런 뜻이에요. 웃기지요? 그나마 편하게 먹을
수 있었던 음식이 '두부밥'이라는 건데 함경북도 음식인데 남한에
'유부초밥'이랑 비슷해요. 거기서는 특식이라고 할 수 있지만 특식이

니까 자주 못 먹는다, 이 말입니다. 거의 십 년 전 고향서 먹어 보고 얼마 전에 만들어 봤는데 막상 입에 넣으려니까 목이 메어서… 추억 삼아 북한사람들한테 보여 주려고 두부밥 사진을 찍고 인터넷 사이트 요리코너에 올렸어요. 다음 날 댓글을 보니까 '맛있어 보인다', '먹고 싶다', '배달은 안 하는가'… 고향음식을 아는 사람들하고 이야기 하다 보니까 언젠가 고향에 꼭 가 보려면 여기서 열심히 살아야겠다…(참여자 2).

### (5) 남북한 이문화의 통합을 그려 봄

참여자들은 상이한 문화의 차이를 좁혀서 남한사람들과 조화롭게 지내고자 노력하면서, 북한 출신의 자긍심을 갖고 북한문화의 강점을 남한 출신에게 알리고자 하였다.

### ① 남북한 문화의 상이성을 조화롭게 터득하고자 함

북한에서 식당을 가면 음식을 주문하고 곧 돈을 내야만 음식이 나와요. 구이나 음식을 시키면 식사만 나오고 김치나 물은 별도로 주문을 해야 나오거든요. 하나원 나와서 그게 궁금했어요. 텔레비전을 보면 손님들이 식사하는 장면은 나오는데 돈 내는 장면은 나오지 않는 거예요. 음식하고 반찬하고 물하고 한꺼번에 다 차려 놓고… 남한사람은 언제 돈을 내는지… 물 값이랑 김치 값은 얼마 정도인지…. 남한사람한테 직접 물어보기엔 좀 열스럽고(창피하고)… 또 레스토랑엘 갔는데 칼하고 포크하고 수저가 여러 개 있잖아요…, 양식을 한 번도 안 먹어 봐서 어떻게 해야 하는지 모르니까 같이 간 남한사람 먹는 대로 그대로 따라 했다 말입니다. 집에 오자마자 네이버 창에 들어가서 '양식 먹는 법'…(참여자 7).

### ② 북한 출신의 자긍심을 지키고 싶음

솔직히 나는 남한사람한테 내가 북한사람인 걸 말하고 싶습니다. 중국 건너가 살 때는 북한사람이란 게 알려지면 북송돼서 교화소 가니까 숨겨야 했지만… 이제는 한국사람 됐으니까 당당하게 말하고 싶다 말입니다. 막상 말하고 나면 북한사람을 조선족 취급하는 거야. 중국서는 북한사람이라서 말 못 하고, 여기서는 조선족 사람 취급하고… 억양 때문에 그런 건지…. 하나원 있을 때 로마에 가면 로마법을 따르라 그렇게 배워 주지요(가르쳐 주지요). 그렇다고 북한사람이 완전히 남한사람 되겠는가 말입니다. 북한사람한테도 좋은 점은 있다고 남한사람한테 그런 걸 배워 주고 싶은데… 우리 함경도 출신은 '이전투구'라고 해요. 진흙 밭에서 구르면서 싸우는 개처럼 맹렬하고 악착스럽다는 말입니다. 평안도 출신은 '맹호출림'이라고 그건 숲에서 나온 호랑이처럼 매섭고 사납다는 뜻이고, 황해도 출신은 '석전경우' 그러니까 거친 돌밭을 가는 소처럼 묵묵하고 억세다 뭐 그런… 생활력이라고 하면 비록 가두녀성(주부)이라고 해도 북한녀자(여자)가 남한녀자보다 더 이악하게(악착스럽게) 살아갈 수 있다…(참여자 4).

### ③ 왜곡된 역사 해석의 혼란을 벗겨 나감

북한서 김일성 시대에는 인민들이 굶지는 않았어요. 우리 가족이 중국에서 한국 오기 전까지 한국선교사 도움으로 어떤 집에서 거의 1년 정도 다른 사람들하고 집단생활을 했는데 그때 텔레비전에서 김일성 살아 있을 때 모습이 나왔어요. 우리 부모님이 눈물을 글썽이시는 거예요. 그때는 북한서 우리 집이 잘살았거든요. 김정일 시대부터 굶기 시작해서 중국 가서 깡통 주우며 살았지만… 그렇게 고생하며 중국서 살 때도 만일 미국이 북한을 침략했다는 소식을 듣게 되면 난 무조건 북조선을 위해 달려간다 생각했거든요. 북한서는 미국이 괴롭혀서 인민이 못 산다고… 남한에 살면서 새로운 사실들을 알게 됐는데 6·25선쟁이 북침이라는 겁니다. 북에서는 분명히 남조선이 먼저 침략해서 북조선이 승리했다고 배웠고 7월 27일이 승전기념일이란 말입니다. 뭐가 진실인지 다시 북한에 가서 물어볼 수도 없고… 인터넷 들어가서 남북한 역사를 자세히 살펴봤어요. 북에서 배운 역사랑 너무 다르다는 걸 알게 됐습니다(참여자 6).

## 2) 정보적 자원으로서의 지지

### (1) 당당하게 알아 가기

남북한사회 구조의 차이는 앎의 차이로 연결되고 있었다. 변화된 사회문화 간 지식의 차이를 주변인이 모두 메워 줄 수 없기 때문에 일상에서 접근성이 용이한 인터넷에 의지하게 됨을 알 수 있다. 남한 입국 연령이 성인기에 해당해도 사회문화적 앎의 수준은 남한의 청소년기에도 미치지 못하는 북한이탈주민에게 인터넷을 활용한 정보 제공은 상당히 유용한 것으로 나타나고 있다.

### ① 새로운 정보 습득하기

북한에서야 법이 있어도 실제로 작용을 못 해. 힘 있는 놈이 한마디 하면 그게 곧 법이 되니까. 여기는 누구나 똑같이 적용되니까 법에 문제가 생기면 일단은 인터넷에서 뭐라고 하나 알아보게 돼요. 얼마 전에 우리 집 아파트 천장에서 물이 떨어져서 내 돈으로 고쳐야 하나 아니면 윗집 사람이 고쳐 줘야 하는 건가 고민하다가 우선 인터넷 법률 상담에서는 뭐라는지 찾아보니까 천장에서 물이 떨어지는 건 무조건 윗집 책임이라는 거야. 그다음에 아파트 관리소에 확인해 보니까 윗집 문제니까 대신 말해 주겠다고 해서 잘 해결했거든(참여자 8).

남한사회가 어떻게 돌아가는지 잘 모르잖아요. 그냥 같은 사람이다, 같은 민족이다 그런 생각인 거지… 뉴스에서 아나운서가 '~했습니다, ~입니다' 그랬어. 내가 뉴스를 처음부터 끝까지 분명히 다 들었는데 종합이 안 돼. 분명 한국말 들었는데 내용을 전혀 모르겠다 이거지. 그게 상상외로 스트레스 받는 거거든. 사람들하고 말이 전혀 통하지 않는 건 아닌데 실제로 안 통하는 거… 한 번 듣고는 이해가 안 되니까… 인터넷 들어가서 한국 정치소식, 북한상황, 한류가 어떻게 됐는가… 반복해서 보고 또 보면서 한국사회가 어떻게 돌아가는지 조금씩 알아 가는 거지요…(참여자 7).

### ② 나이와 관계없이 배울 수 있음

하나원 나와서 뭘 해야 하나 고민하다가 생선 상점을 냈어요. 바깥양반이 황해도 고향에서 선박 일을 했었으니까… 처음에 남한사람들이 "구이용으로 잘라 주세요", "조림용으로 손질해 주세요", "지리 할 거예요" 그러는데 내가 못 알아듣잖아요. 손님들이 그것도 모르냐고 짜증을 내고…, 할 수 없이 컴퓨터 인터넷 들어가서 생선 요리하는 방법을 쭉 찾아보면서 '아! 남한사람은 생선을 이렇게 요리하는구나…'

그렇게 배웠다 말입니다(참여자 5).

　하나원 막 나와서 식당에서 일할 때 북에서는 쓰지 않는 물건들이 남한에는 너무 많은 거예요. 손님들이 '환풍기 돌려 달라', '냅킨 달라'…, 모르니까 같이 일하는 식당 이모들한테 물어봤어요. 남한사람이야 북힌에 대해서 처음에만 좀 궁금하지 뭐 그렇게 궁금한 게 없으니까 안 물어보잖아요. 나중엔 '아이고, 모르는 것도 참 많네…' 그러니까 내가 북한에서 왔다고 무시하나 그런 생각이 들어서 나중에는 몰라도 금방 물어보지 않고 모았다가 혼자서 인터넷 뒤져서 알아보고 그랬어요(참여자 1).

(2) 이주생활에 대한 지속적 배움의 자극

　낯선 이주생활에서 배움의 필요성은 더욱 절실해지는 것으로 보인다. 농경사회에 익숙했던 북한이탈주민에게 빠르게 움직이는 디지털 세계인 남한사회에서 생활하기 위해서는 지속적인 자기 계발에 대한 동기가 강해지는 것으로 나타난다. 북한이탈주민은 과거 북한에서와는 달리 인터넷에서 다채로운 정보를 접하면서 배움의 동기를 다지는 것으로 보인다.

### ① 일과 학습 병행이 가능한 사이버 교육의 긍정성 활용

　북한에서 배우질 못해서 공부하고 싶은데 혼자 왔으니까 돈도 벌어야 됐어요. 검정고시 준비하면서 식당 아르바이트도 해 보고, 가사도우미도 해 보고… 지금은 가구 만드는 공장에서 일하거든요. 일을 마치고 학교 다니려면 시간 맞추기 힘들어요. 작년에 라디오에서 인터넷으로 공부하는 대학생 수기를 듣고서 나도 그렇게 해야겠다고 결심하고 사이버대학교에 등록했는데… 나중에 통일사회복지사가 되는 게 제 꿈이에요(참여자 6).

### ② 인터넷을 알아야 이해할 수 있는 이주생활

하나원에서 '한국서는 초등학교 아이들도 컴퓨터 다 할 줄 안다. 취업하려면 무조건 따라서 배워야 한다' 해서 워드프로세서 자격증까지 받아 놨습니다. 북한이야 남한처럼 빠르게 움직이는 세상이 아니라서 인터넷 몰라도 배부르게 지낼 수만 있다면 일 없지만… 여기 살면서는 규칙도 너무 복잡하고 바뀌는 것도 상당해서 알아야 할 게 넘치는 거 같아요. 인터넷에서 나오는 광고를 보면 정말 재미있구나, 정말 남한은 정보화시대구나 그런 게 확 느껴져요. 친구들하고 인터넷으로 도토리를 키워서 상품을 받기도 하고… 부모님은 인터넷을 전혀 모르시기 때문에 필요한 정보는 제가 찾아서 알려 드려요(참여자 1).

### ③ 자기 계발의 지속성이 요구되는 남한생활

작년 겨울에 컴퓨터 자격증 따려고 근처 사회복지관에 갔는데 강의실 유리창 너머로 보니까 할아버지 할머니들이 컴퓨터를 배우고 계셨어요. 북한에서는 여자가 55세 되고 남자가 60세 되면 연로수당 받으면서 그냥 그렇게 살아요. 여기서는 늙어서도 이렇게 배우는구나… 사실 좀 충격을 받았어요. 남한사람들은 평생교육을 받는다고 해서 처음에 뭐 그렇게 배울 게 많나… 그렇게 생각을 했었는데 살면서 그 이유를 알게 됐어요(참여자 9).

(3) 가족통합의 실마리 제공

이주과정에서 해체되었던 가족(친척)을 재구성하기 위한 시도는 인 터넷 게시판 등에 가족 찾기 정보를 등록하는 것으로도 알 수 있다. 또한 인터넷을 통해 북한 고향 소식을 빠르고 쉽게 얻을 수 있었다.

### ① 북한 및 세3국에 남겨진 가족(친척) 찾기 정보를 기대함

북에서 중국 갈 때 여동생하고 같이 국경을 넘었어요. 중국 도착해 서 보름 정도 있다 각자 헤어졌는데 브로커가 나는 한족한테 소개해 줬고 여동생은 조선족한테 소개해 줬거든요. 지금 어디 산다는 건 알 고 있어요. 얘가 산동 제남 어디에 살고 있다고 들었는데… 내가 한 국 와서 여동생 찾으려고 돈 모으고 있는 중이에요. 그래도 혹시나 하는 마음에 북한사람들이 잘 보는 인터넷 사이트에 '사람 찾기'가 있어요. 거기에 올려놨어요(참여자 4).

### ② 인터넷 정보를 통해 북한 고향의 근황을 파악함

북쪽에 가족이 살고 있으니까 여기 와서도 늘 궁금하지요. 작년 뉴 스에는 북한에 홍수가 많이 나고 냉해가 심해서 먹을 게 부족하다는 소식 듣고 걱정이 되고… 마을에 전염병도 퍼졌다고 하는데 애들은 잘 있는지… 다른 소식 뭐가 더 있나 해서 인터넷에서 북한뉴스를 찾 아보게 돼요. 혹시 북한사진 나오면 고향 마을은 아닌가 해서 계속 마우스로 찍어 보게 되고…(참여자 8).

(4) 직업 및 학교 선택의 정보가 됨

북한이탈주민은 남북한 교육 및 직업 선호에 대한 차이를 인터넷을 통해 관련 정보를 수월하게 습득할 수 있게 되었다.

### ① 다양한 직업에 대한 기초자료를 얻게 됨

사실 여기 들어온 북한사람들은 자기가 뭘 잘하는지는 모르고 살았기 때문에 여기 와서도 한 번에 직업을 찾기는 힘들어요. 북에서는 탄광업자나 농장에서 일하는 육체노동자 노임이 대학교수보다 세 배는 더 많아요. 사회주의 국가라서 육체노동을 더 값어치 있게 보거든요. 여기서는 인기직업이 뭘까…… 인터넷에서 찾아보니까 북한에서 제일 인기 없고 돈 못 버는 직업들만 모였댔어요. 의사, 치과의사, 판검사, 변호사, 학교 선생님 뭐 그런 건데 달라도 너무 다르지요? 나야 북에서 정치 선전하는 아나운서였는데…… 여기 아나운서하고는 좀 다르지요(참여자 2).

### ② 학교에 관한 정보를 제공받음

북에서는 유치원 낮은 반 1년, 높은 반 1년, 소학교 4년, 고등중학교 6년 그게 기본교육이에요. 17세면 기본공부가 다 끝나고 대학을 가요. 기회는 딱 한 번이에요. 응시해서 떨어지면 군대 가거나 국가에서 배치해 주는 직장엘 다녀야 돼요. 대체로 출신성분이 좋은 집안 애들이 대학에 가게 되는데 남한처럼 재수, 삼수 그런 건 없어요. 거의 70%가 군대나 직장 배치 받는다고 생각되면 돼요. 여기 와서 다행히 북한사람은 특별전형으로 뽑아 준다고 하니까 가고는 싶은데 뭘 전공해야 되는지 모르잖아요. 같은 교회 사람들한테 물어보기도 하고…… 혼자 인터넷으로 어떤 전공이 있는지 뭘 배우는 건지 찾아보기도 하고. '아! 이런 걸 배우면 이런 일을 하는구나 그렇게 연결하면서……'(참여자 6).

## (5) 새로운 사상과의 만남

북한이탈주민은 사회주의와 주체사상을 기반으로 했던 사상의 경계를 넘어 자본주의라는 새로운 사회경제 체계에 진입하나 이해가 부족한 실정이다. 자원봉사의 의미, 역사 해석의 차이, 북한의 진실과 허상에 대한 혼란 등을 일상생활에서 접하게 되면서 인터넷의 정보를 통해 확인하게 뇌고 그러한 과정에서 점차 남한사회 문화를 수용하게 된다.

### ① 자본주의를 이해하고 준비함

북에서는 출신성분에 맞게 일하고 똑같이 배급받고, 똑같은 옷 입고 국가에서 시키는 일 대충 하면 되거든요. 나만 열심히 일하면 같이 일하는 사람들한테 욕먹어요. 개인 목표가 필요 없는 사회이니까…… 처음 남한에 와서 자본주의가 뭔지 모르지만 밖에 나가는 순간 모든 게 다 돈이야. 그래서 자본주의는 서로를 속여서 뜯어먹고 사는 걸로 생각했어요. 시간이 가면서 '아! 대한민국이 이래서 살 만한 나라구나' 알게 됐어요. 내가 열심히 일하면 일한 만큼 돈을 받을 수 있다는 걸…… 얼마 전에 폴리텍에서 전기기술 공부해서 자격증을 받았어요. 요즘엔 전기기술자 찾는 회사가 어디 있나, 뭐 나온 데 없나 수시로 인터넷 들어가서 찾아보고…… 북한이탈주민취업센터에도 등록해 놓고 기다리는 중입니다(참여자 9).

### ② 자원봉사의 의미를 알게 됨

요즘 인터넷 게시판에 보면 북에서 온 청소년들한테 영어, 수학, 과학 가르쳐 준다, 무료로 법률 상담해 준다…… 그런 자원봉사 등록한 사람이 상당히 많더라고요. 자본주의에서 어떻게 돈을 받지 않고 남을 위해 일을 해 주나…… 자원봉사라는 거 처음엔 의심했어요. 북에서는 내 잔등도 믿지 말라 하거든요. 나 자신도 못 믿는데 어떻게 남을 믿을 수 있나 그러니까 뭔가 받는 게 있으니까 주겠지 공짜가 어디 있겠나 의심했다 말입니다. 8~9년 전만 해도 북한사람한테 공부 자원봉사해 준다는 분이 그리 많지 않았는데……. 내가 대입 검정고시를 봐야 할 때 신부님께서 영어학원 운영하시는 신도한테 연락하셔서 저한테 공부 좀 시켜 주라고 소개시켜 주셨어요. 대학시험 합격할 때까지 사 년 정도를 자원봉사 선생님이 일주일에 두 번씩 영어를 가르쳐 주셨어요. 지금도 스승의 날에 연락해서 인사드리고 하는데…… 제가 병원서 인턴 하면서 받은 첫 월급 150만 원을 성당에 모두 기부했어요. 한국 와서 모르는 분들한테 그냥 받았던 은혜를 누군가를 위해 저도 돌려주고 싶어서……(참여자 3).

### ③ 북한체제의 허상을 확인함

북에서 고난의 행군을 할 때 맥이 없는데도 당에서는 나와서 일하라고……. 죽이라도 일정량을 먹어야 배가 부르니까 일을 할 거 아닙니까? 할 수 없이 국경을 넘나들며 장사를 했어요. 하마개구리 기름 짜고 버섯이랑 산나물 그런 거 캐서 보따리 장사한테 넘겨주고 그랬거든요. 고난의 행군이 한창일 때 김정일이 자신도 제대로 못 먹고 있다고 인민들의 고통을 잘 알고 있다고 발표하고 그랬댔어요. 남한 와서 인터넷에 김정일의 밥상 사진이 공개된 걸 보고 정말 깜짝 놀랐어요. 구경도 못 해 본 음식들이 다 올라가고…… 북한에 살 때 다 속은 거지요(참여자 4).

(6) 물질적 지원 정보를 확인함

북한이탈주민은 인터넷을 통해 남한사람들로부터 제공되는 다양한 물질적 지원에 관한 정보를 습득하게 된다. 의료진료 및 경제적 후원 등은 북한이탈주민의 삶의 질을 향상시키는 데 실질적인 도움이 되고 있다.

### ① 개인 성장의 초석이 되는 후원자 발견

북한이탈주민지원센터 홈페이지를 보니까 주한 영국대사관에서 탈북청소년을 몇 명 뽑아서 영어 공부도 시켜 주고 그중에서 한 사람을 뽑아서 영국유학을 국비로 보내 준다는 소식을 읽고 정말 깜짝 놀랐어요. 여기 애들은 방학 되면 영어 공부하러 비행기 타고 미국 간다 필리핀 간다 하는데 솔직히 부럽지요. 우리 애가 영어를 잘하는 건 아니지만 이번 기회에 한번 지원해 봐야겠어요. 누가 알아요? 잘 될지……(참여자 5).

### ② 무료진료의 혜택을 찾음

북에 계신 어머니를 힘들게 모시고 왔는데 이가 다 못 쓰게 되셨어요. 아파도 의료보호가 다 되는 건 아니니까……. 자기부담금도 생겨서 얼마나 나올지도 모르겠고……. 걱정하고 있었는데 수녀님 한 분이 북한이주민지원센터에서 건강진단 해 준다고 인터넷 한번 보라고 해서 찾아봤어요. 치과진료도 무료가 된다고 해서 어머니를 모시고 갔지요. 상태가 너무 나빠서 한꺼번에 고칠 수가 없다고……. 거기서 자원봉사하시는 치과선생님을 연결시켜 주셔서 감사하게도 어머니 이를 다 고쳤습니다(참여자 10).

# 5. 결과 논의

본 연구는 북한이탈주민이 체험한 사회적 지지로서 인터넷의 활용 체험을 분석하고자 하였다. 결과를 바탕으로 몇 가지 사항을 논의하면서 실천적 함의를 제시해 보고자 한다. 첫째, 북한이탈주민의 인터넷 활용의 정서적 지지 측면이다. 본 연구 참여자들의 심리·정서적 체험은 다양한 문헌들(김현경, 2007; 김현경·이옥자, 2010; 최진이, 2005; Kim & Lee, 2009)에서 나타난 것처럼 난민이주자로서의 충격과 고통을 담고 있었다. 통일부는 3개월의 하나원 교육 수료 이후 사회로 나오게 된 북한이탈주민을 하나센터와 전문상담사 등과의 접촉을 통하여 북한이탈주민의 생활 및 사회적응을 지원하고 있다. 하나센터의 경우 통일부는 2009년 서울을 중심으로 소수를 구축하여 2010년에는 전국 20여 개를, 2011년까지는 30여 개를 확보하여 정부의 민간위탁사업인 정착도우미 사업을 시행하고 있다. 이는 정부와 민간기관이 파트너로서 공식적인 기능을 수행하는 대표적이고 유일의 북한이주민 정착지원 프로그램이라고 할 수 있다. 하나센터는 국내 입국한 탈북자들의 초기 정착교육 기관인 하나원에서 받는 3개월 교육을 수료한 후 각 지역으로 전입하는 탈북자들을 대상으로 3주간의 집중교육과 1년간의 사후지원을 제공하는 기관이다. 하나센터 교육은 지역사회 이해, 직업 찾기, 심리상담 및 각종 공공기관 이용안내, 진학지도 등 다채로운 프로그램으로 구성돼 있다. 이에 통일부 지원을 받고 있는 북한이탈주민지원재단에서는 북한이탈주민 내방상담과 24시간 종합상담 콜센터를 운영하고 있다. 하지만 전국적으로 30여 개 분포한 하나센터의 경우 대부분이 지역사회종합복지관에서 운영되고 있으며 북한이탈주민 전문상담가가 아닌 일반사회 복지사가 담당하고 있다. 이에 일반사회복지사들에게는 난민이주자인 북한이탈주민의 과거 북한 및 제 3국에서의 경험 그리고 현재 남한에서의 경험을 총체적으로 이해할 수 있는 문화적 다양성을 향한 역량이 부족한 것이 현실이다. 이러한 영향으로 각 지역 하나센터에서는 북한이탈주민을 위한 프로그램을 구성하였어도 실제로 북한이탈주민의 참여를 기대하기 힘든 실정이다(제3차 인천지역 북한이탈주민 정착지원 세미나 2011. 8. 22). 또한 2010년 5월부터 시작된 북한이탈주민지원재단의 24시간 콜센터 상담은 서울 다산콜센터나 120경기도 콜센터와 유사하나 북한이탈주민 정착을 위한 전화상담에 초점을 두고 있다. 서울 다산콜센터나 120경기도 콜센터에는 부분적으로나마 댓글 인터넷 상담 서비스가 제공되는 반면 북한이탈주민지원재단 24시간 콜센터에는 그러한 기능은 아직 갖추어지지 못했다. 그리고 하나센터는 북한이탈주민을 위한 일괄적인 프로그램 설명(홍보)을 중심으로 인터넷을 활용하고 있다는 제한성을 벗어나지 못하고 있다. 즉 쌍방이 소통하는 창구로서의 인터넷 서비스를 제공하지 못하고 있는 것이다. 오히려 북한이탈주민들의 쉼터, 북한지식연대, 탈북자동지회, 자유북한방송 등 북한이탈주민이 중심축이 되어 운영되고 있는 인터넷 사이트에서는 북한이탈주민 상호 간 그리고 남북한주민 상호 간의 다양한 측면에서의 심리·정서적 교류가 활발하게 순환되고 있음을 파악할 수 있었다. 본 연구결과에서 나타난 바처럼 북한이탈주민의 정서적 측면에서의 인터넷 활용은 남한 언어와 외래어 습득과정에서 느끼게 되는 문화적응 스트레스의 힘겨움을 노출시켜 유사한 정서를 공유함으로써 심리적 환기(Ventilation)를 가능케 하는 긍정성을 찾을 수 있었다. 이는 유사한 경험을 하게 되는 개인들이 자신의 경험에 대한 보편성을 확인함으로써 심리적 치유를 향해 다가가는 과정이라 볼 수 있겠다. 북한이탈주민의 남한사회에서의 심리적 성장은 문화적응 스트레스의 완화와 남북한 문화의 통합적 체험으로 가능하다는 연구결과(김현경, 2007, 2009; Kim & Lee, 2009)를 적극 지지하는 바이다. 남한문화 적응과정에서 경험하게 되는 부정적 정서라 할지라도 적절한 지지기반을 찾아 노출시킴으로써 개인의 과거를 반추하고 현재를 추스르는 것은 개인의 정서적 안녕에 도움이 될 것으로 파악된다. 인터넷을 통한 정서적 지지추구는 북한이탈주민에게 가족 해체의 빈자리 일부를 메워 주고, 북한 출신의 정체성을 편안하게 드러냄으로써 북한이탈주민 상호 간의 통합을 도모하며, 치유와 격려를 나누게 되고 나아가 남북한 이문화의 통합을 향해 나아가는 것으로 나타났다.

둘째, 북한이탈주민의 인터넷 활용의 정보적 지지 측면이다. 본 연구결과 북한이탈주민은 인터넷이라는 커뮤니케이션 도구를 개인의 물리적인 도움을 얻기 위해 긍정적으로 활용하고 있었다. 2010년 11월 통일부 소속 북한이탈주민지원재단 및 국내 비정부단체(NGO) 인터넷 홈페이지에는 북한이탈주민에게 도움이 되는 교육, 취업, 주택, 의료, 지원제도, 법률 등 다양한 정보를 제공하고 있다. 또한 북한이탈주민들은 같은 북한 출신이 운영하는 인터넷 사이트 활용을 통해 활발하게 정보를 습득하는 것으로 파악되었다. 반면 사회복지 관련 종사자들이 관여하고 있는 지역사회 하나센터에서는 북한이탈주민과의 상호작용에 기반을 둔 온라인 정보서비스를 제공하기보다 내방 상담용 프로그램 홍보를 위한 창구로 활용하는 경향을 나타내고 있다. 북한이탈주민의 심리적 특성상 현실적으로 경제적 지원 제공이

기대되지 않는 모임이나 교육에는 관심이 낮고, 특히 입국 초기에는
트라우마와 문화적응 스트레스로 인해 대인에 대한 불안과 불신으로
직접 접촉을 삼가는 편이며, 과거 자아비판 및 호상비판에 의해 형성
된 강한 자기방어기제와 북한에서 형성된 상담에 대한 부정적인 인
식 등으로 3개월의 하나원 교육 이후 지역사회 적응을 위해 마련한
하나센터 활용에 소극적인 편이다(제3차 인천지역 북한이탈주민 정
착지원 세미나 자료집, 2011). 현재 북한이탈주민은 2011년 5월을 기
준으로 서울에 약 5,595명(총 입국자의 30%), 경기도에 약 4,925명
(26%), 인천시에는 1,726명(9%)이 거주하고 있는 상태이다. 또한 입국
자 연령은 10~40대가 전체 입국자의 86%를 차지함으로써(통일부,
2011) 인터넷 활용이 충분히 가능한 잠재적 대상층이라고 볼 수 있겠
다. 그럼에도 불구하고 현재까지 지역사회 하나센터에서 활동하고 있
는 소수의 사회복지 전공인력으로는 북한이탈주민에 대한 특성을 파
악하고 대면 서비스의 전문성을 갖추어 가는 것만으로도 버거운 실
정이다. 힘겹게 북한이탈주민을 위한 직접서비스(Face−To−Face)를
준비하여 서비스 수혜자가 하나센터 및 지역사회복지관에 직접 찾아
오기만을 기다리는 것은 예산 및 시간적인 측면에서 그렇게 효율적
이지만은 않은 것으로 파악된다. 본 연구결과 북한이탈주민의 인터넷
을 통한 정보적 지지 측면은 새로운 정보를 나이와 관계없이 당당히
알아 갈 수 있으며, 이주생활에 대한 지속적인 배움의 자극을 받게
되며, 가족통합의 실마리를 제공받을 수 있는 창구로서 활용되었고,
직업 및 학교 선택의 정보가 되었으며 남한사회의 새로운 사상과의
만남을 제공해 주었으며, 남한이웃을 통한 물질적 지원정보를 확인할
수 있는 유용성을 갖추고 있는 것으로 나타났다. 정리하자면 북한이

탈주민에게 있어서 인터넷 활용은 새로운 앎에 대한 흥미와 몰입, 동기부여를 통해 남북한 공동체 구성원과의 상호작용을 가능케 하면서 자신을 표현하게 하고 같은 북한 출신과는 집단유대감을 나타냄으로써 문화적응 스트레스를 완화시키는 것으로 파악되었다. 또한 온라인이라는 의사소통 채널을 활용하여 안정적이고 주체적으로 자신을 노출시키고 필요한 정보를 습득해 가려는 태도를 갖고 있었다. 흩어진 가족을 재구성하기 위해 가족에 대한 정보를 등록하였고, 취업과 미래를 위해 준비해야 할 정보를 스스로 탐색하고, 일과 학업 양립의 고충을 해소하기 위해 사이버 학습을 선택하는 등 적극적인 태도로 인터넷 공간을 활용하고 있는 것으로 나타났다. 현재까지 한국사회에서 생활 기반을 잘 닦은 북한이탈주민은 상대적으로 소수라고 할 수 있으나 그들 중 일부는 같은 북한이탈주민의 욕구 충족을 고려한 그들만의 인터넷을 운영함으로써 이타적 활동을 하고 있음을 알 수 있다. 물론 인터넷 정보를 통해 제공되는 대부분의 다양한 도구적·물질적 자원 제공처가 거의 남한정부 및 민간 차원에 기반을 둔 것이라고 해도 말이다. 따라서 우리 사회에서 북한이탈주민이 남한사람들과의 통합과 조화를 이루기 위한 심리정서 및 도구적 지원을 위한 방편으로서 인터넷의 효율적 사용은 상당히 중요하다는 점을 강조하는 바이다. 이에 북한이탈주민이 하나원 교육 이후 바로 남한사회에 진입하였을 때 지역사회에서 다양한 자원을 갖추고 그들을 맞이해야 하는 하나센터 및 지역사회복지관의 역할은 상당히 중요하다고 볼 수 있다. 북한이탈주민이야말로 남한에서의 사회적 지지체계가 상당히 부족한 상태에서 일상생활을 시작해야 하기에 개인의 삶의 질 향상에 도움이 될 수 있는 다양한 정보를 얻기 위해 자연스럽게 인터넷을 활용할 수 있기 때문이다. 본 연구결과를 통해서 북한이탈주민의 경우에도 인터넷 네트워크를 통하면 원하는 정보를 얻는 데 소요되는 비용과 시간을 줄일 수 있으며 얻은 정보의 질도 우수한 편이라는 점 그리고 인터넷 네트워크를 통해 다른 사람들로부터 정서적 지원, 물질적 지원, 조언 및 충고 등의 효과를 얻을 수 있다는 점에서도 박윤희(2010), 정동규(2005), 원우현(2002) 그리고 Jones(1998)의 연구결과를 지지하는 바이다. 나아가 북한이탈주민에게 다양한 서비스를 제공하기 위해 일상에서 접촉해야 하는 사회복지영역 전문종사자는 기관 차원에서 지역사회에 거주하는 북한이탈주민과 인터넷 네트워크 지원을 통한 공식적인 정보 제공의 가능성을 촉진시킬 수 있어야 할 것이다. 인터넷 네트워크의 활용은 북한이탈주민이 다양한 배경의 남한 사람들과 교류하게 됨으로써 문화적 수용력과 사회적 관계망을 회복할 수 있도록 돕는 다양한 방법의 일환이 될 것이기 때문이다.

## 6. 본 연구의 실천적 함의 및 연구의 한계점

경제협력개발기구(OECD)의 학업성취도 국제비교연구(PISA)에서 디지털 읽기 소양평가(Digital Reading Assessment: DRA) 결과 한국의 청소년들이 세계 1위를 기록했다고 한다. 이는 컴퓨터 화면에 출제된 문제를 읽고 화면에 답을 입력하는 방식으로 인터넷상에서 정보를 수집·적용·종합하는 능력을 평가하기 위해 홈페이지 접근, 전자메일 송수신, 게시판 활용 등의 지식과 기술을 측정한 것으로 나타났다. 즉 디지털 환경 대상으로 정보를 읽고 습득하는 능력에 있어서 한국의 청소년들은 이미 세계적 수준을 인정받고 있다는 의미이다(아시아경제, 2011. 6. 29). 이러한 사회문화적 교육 인프라의 영향으로 남한사람들이 북한이탈주민을 지원하는 방식 역시 직접적 지원방식(Face-To-Face)에만 머물지 말고 간접 지원방식인 인터넷 활용으로 확장될 필요가 있음을 강조하고자 한다. 오늘날 개인들은 사회 네트워크서비스(Social Network Service: SNS)를 통해 다양한 지역에 흩어져 있는 개인을 공동의 이슈로 통합시키는 것을 선호하고 있다. 페이스북, 트위터, 미투데이, 싸이월드, 포스퀘어 등 다양한 SNS는 인터넷 공간 안에서 이루어지는 상호 교류라고 할 수 있다. 최근 북한이탈주민지원재단에서는 약 6개월간(2011년 6~11월) 북한이탈청소년을 대상으로 인터넷을 통한 1:1 화상영어교육을 제공하였다. 이와 같이 하나센터 및 지역사회복지관에서도 학습지도가 요구되는 북한이탈아동·청소년의 과외활동 자격을 갖춘 자원봉사자와 인터넷 화상으로 연계시키는 방법이 가능할 것이다. 이러한 취지의 인터넷 활용은 거리이동의 번거로움이나 자원봉사자와 북한이탈아동·청소년의 학습시간 조정의 어려움을 포함한 다양한 방해요인들을 줄여 주고 대신 탄력적인 시간활용을 가능케 할 것으로 예측된다. 이에 사회복지영역에서는 난민 이주자인 북한이탈주민 남녀, 아동청소년, 부부, 가족 클라이언트의 특성을 충분히 이해하면서 그들에게 다가서는 서비스의 일환으로 인터넷 활용이 가능한 콘텐츠 개발에 관심을 둘 필요가 있음을 강조하고자 한다.

덧붙여 북한이탈주민의 경우 연령 수준에 따라 컴퓨터 활용에 관한 관심이나 동기가 상이할 것으로 판단된다. 10대의 경우 교실환경 및 교우관계 안에서 자연스럽게 컴퓨터와 인터넷에 대한 흥미와 관심을 갖게 될 것이다. 20~40대의 젊은 연령층의 경우에는 교육 및 취업과 관련하여 정보화 처리에 관심을 갖게 될 것이나, 연령이 많아질수록 컴퓨터에 대한 이해수준이나 필요성이 낮아질 것으로 예측된다. 따라서 연령대 및 동기에 맞는 컴퓨터 교육이 적용되어야 할 것이다. 또한 북한에서 컴퓨터를 활용한 경험이 전혀 없는 부모세대의 경우 남한에서 성장하는 자녀들의 컴퓨터 활용에 대한 이해 및 적절한 통제에 대한 필요성 역시 인식하지 못할 수 있다. 그러므로 자녀를 양육하는 북한이탈주민 부모들의 경우 인터넷을 활용하게 되는 자녀들의 부적절한 인터넷 활용에 대한 적절한 개입과 통제의 필요성을 인식할 수 있는 교육이 요구된다고 강조하고자 한다.

또한 본 연구는 인터넷 활용에 관심이 있는 북한이탈주민을 대상으로 사회적 지지체계로서의 인터넷 활용의 의미를 질적 연구로 접근하였다. 따라서 다수의 북한이탈주민이 인식하고 있는 인터넷 서비스 활용의 전반적인 사항을 다루는 데 한계가 있음을 지적하고자 한다.

## 〈참고문헌〉

김현경(2007), 「난민으로서의 북한이탈주민의 외상회복 경험에 대한 현상학 연구」, 이화여자대학교 사회복지학과 박사학위논문.

김현경(2009), 『현상학으로 바라본 북한이탈주민(탈북이주자)의 심리적 충격과 회복경험』, 경기: 한국학술정보(주).

김현경·이옥자(2010), 「북한이탈주민의 심리적 고통체험: Parse의 인간 되어감 연구방법 적용」, 『정신간호학회지』, 제91권 4호, 359~373.

김현아(2008), 「새터민의 남한 사이버 학습경험에 대한 질적 연구」, 『통일과 평화』, 제2호, 275~336.

민성길(2005), 『통일이 되면 우리는 함께 어울려 살 수 있을까』, 서울: 연세대학교출판부.

박윤희(2010), 「의원 사이트의 네트워크 분석에 관한 연구: 17대 국회의원과 7대 서울시의회 의원 사이트 비교 분석을 중심으로」, 『사회과학연구』, 제36권 2호.

북한이주민지원센터 홈페이지, http://www.dongposarang.or.kr/

새터민쉼터 홈페이지, http://www.toxjals.com

이민영(2005), 「남북한 이문화 부부의 가족과정 경험에 관한 질적 연구: 내러티브 탐구방법을 활용하여」, 이화여자대학교 사회복지학과 박사학위논문.

이소래(1997), 「남한이주 북한이탈주민의 문화적응 스트레스에 관한 연구」, 이화여자대학교 사회복지학과 석사학위논문.

엔케이(NK)지식인연대 홈페이지, http://www.nkis.kr/

원우현(2002), 『사이버 공간과 커뮤니케이션, 인터넷 커뮤니케이션』, 서울: 박영사.

조용완(2006), 「문헌정보학 분야의 난민연구 문헌고찰」, 『한국도서관 정보학회지』, 제37권 제1호, 193~219.

제3차 인천지역 북한이탈주민 정착지원 세미나(2011.8.22), 「북한이탈주민의 성공적인 정착과 지역사회의 역할」, 인천 YWCA 대강당 7층.

정동규(2005), 『인터넷과 참여민주주의』, 경기: 한국학술정보(주).

최진이(2005), 『국경을 세 번 건넌 여자』, 경기: 북하우스.

탈북자동지회 홈페이지, http://www.nkd.or.kr/

통일부(2011), 북한이탈주민 남한 입국통계자료.

한국정보문화진흥원(2005), 『새터민 정보화 실태조사』.

한국학생 '디지털 독해력' 세계 TOP(2011.06.29), 『아시아경제』, 5.


Connelly, F. M. & Clandinin, D. J.(2000), Narrative Inquiry – experience and story in qualitative research, San Francisco: Jossey – Bass Publishers.

Herman, J. Lewis(1997), Trauma and Recovery, Basic Books.

Jones, S. G.(1998), Information, Internet & Community: Note towards on understanding of community in the information age, Thousand Oaks: Sage.

Kim, H. Y. & Lee, O. J.(2009), A Phenomenological Study of the experience for North Korean Refugees, *Nursing Science Quarterly, 22(1)*, 85~88.

Maxwell, J. A.(1996), Qualitative Research Design: An Interactive Approach, SAGE Publication.

Mekki – Maxwell, J. A.(1996), Qualitative Research Design: An Interactive Approach, SAGE Publication.

Young, M. Y.(2001), Moderators of Stress in Salvadoran Refugees: The Role of Social and Resources, *International Migration Review, 35*, 58~76.

# V

「북한이탈주민지원법」의 변화를 중심으로

# 1. 북한이탈주민 개념과 현황

북한이탈주민이란 "북한에 주소, 직계가족, 배우자, 직장 등 생활의 근거지를 두고 있는 사람이 북한을 벗어난 후 외국 국적을 취득하지 아니한 자"를 말한다(「북한이탈주민의 보호 및 정착지원에 관한 법률」 제2조). 북한이탈주민은 헌법에 따른 '대한민국 국민'으로 별도의 국적 취득을 위한 절차가 필요 없고, 국내 입국 후 보호결정이 되어 지원을 받게 된다. 따라서 지원을 받는 보호대상의 경우에, 부모가 북쪽 지역에서 아이를 출산한 경우에는 지원대상에 해당되지만 최근 증가하고 있는 탈북여성이 중국에서 조선족, 한족과의 사이에서 출산한 아이는 지원 범위에 해당되지 않는다. 한편 용어와 관련해서는 탈북자, 북한이탈주민, 새터민, 이주민 등 다양하게 사용되고 있는데 공식적으로 '북한이탈주민'이라는 용어를 사용하며, 비공식적으로는 '탈북자'라는 용어가 주로 사용되고 있다. 2008년 11월 21일에 통일부는 가급적이면 새터민이라는 용어를 쓰지 않겠다고 발표했다.

국내입국 북한이탈주민 수는 계속 늘어나는 추세이다. 국내입국 북한이탈주민은 2000년 이전까지는 1,400명에 불과했으나 2002년부터 연간 1,000명 이상, 2006년부터 2,000명 이상으로 늘어나 2009년에 2,927명, 2010년 2,376명으로 증가했고, 2011년 2,737명으로 국내입국 총 북한이탈주민의 수는 2만 3,000여 명으로 집계됐다. 북한이탈주민의 입국 특징을 살펴보면, 함경남북도 등 국경지역에 거주하고 있는 비율이 81%로 대다수를 차지하고 있으며, 여성 및 가족을 동반하는 비율이 꾸준히 증가하여 2006년부터 여성이 70% 이상을 나타내고 있다(통일부, 2012).

〈표 Ⅴ-1〉 북한이탈주민 입국현황

| 구분 | ~'89 | ~'93 | ~'98 | ~'01 | '02 | '03 | '04 | '05 | '06 | '07 | '08 | '09 | '10 | '11 | 합계 |
|---|---|---|---|---|---|---|---|---|---|---|---|---|---|---|---|
| 남 | 562 | 32 | 235 | 563 | 506 | 469 | 626 | 423 | 509 | 570 | 612 | 666 | 604 | 819 | 7,196 |
| 여 | 45 | 2 | 71 | 480 | 632 | 812 | 1,268 | 960 | 1,509 | 1,974 | 2,197 | 2,261 | 1,819 | 1,918 | 15,948 |
| 합계 | 607 | 34 | 306 | 1,043 | 1,138 | 1,281 | 1,894 | 1,383 | 2,018 | 2,544 | 2,809 | 2,927 | 2,423 | 2,737 | 23,144 |
| 여성비율 | 7% | 6% | 23% | 46% | 55% | 63% | 67% | 69% | 75% | 78% | 78% | 76% | 75% | 75% | 69% |

연령대는 20대가 27%, 30대가 32%, 40대가 15%로 청장년층이 74%를 차지하고 있다. 이와 같은 현상은 보다 나은 삶을 향한 도전정신, 탈북과 입국 과정에서의 은둔과 도피생활에 견디기에 20~40대가 다른 연령에 비해 상대적으로 유리하기 때문인 것으로 보인다. 학력수준은 우리나라 고등학교에 해당하는 고등중학교 졸업이 70%로 가장 많으며, 그다음으로는 전문대가 9%, 대학 이상이 8% 순으로 나타났다. 재북 직업별 유형을 살펴보면 무직·부양이 50%, 노동자가 38%로 대부분을 차지하고 있으며, 관리직과 전문직은 각각 2%에 불과한

것으로 나타났다.

북한이탈주민은 하나원을 수료하면 주택을 배정받아 지역사회로 가는데 현재 약 65%가 서울을 비롯한 수도권에 거주하고 있다. 이 같은 현상은 기본적으로 각 지역에 골고루 배정하고자 하지만, 임대 및 국민주택이 수도권을 중심으로 공급되고 있는 현실에 기인한다.

<표 Ⅴ-2> 지역별 거주현황(~'11년 5월 기준)

| 지역 | 서울 | 경기 | 인천 | 부산 | 경남 | 충남 | 대구 | 경북 | 충북 |
|------|------|------|------|------|------|------|------|------|------|
| 인원(명) | 5,595 (30%) | 4,925 (26%) | 1,726 (9%) | 763 | 698 | 688 | 615 | 649 | 569 |
| 지역 | 광주 | 강원 | 대전 | 전남 | 전북 | 울산 | 제주 | 계 | |
| 인원 | 503 | 468 | 430 | 427 | 347 | 226 | 121 | 18,750명 | |

* 사망·말소·이민자와 주소 미등록, 보호시설 수용자 제외.

## 2. 북한이탈주민 지원정책

북한이탈주민 지원정책은 첫째로, 남북한 통일에 대비한 우리의 통일의지와 능력을 보여 주는 것임과 동시에 중장기 통일미래 전략 수립에 기여할 것이다. 북한이탈주민을 우리 사회에 안정적으로 정착시키는 것은 우리 사회의 높은 수용능력을 보여 주는 것임과 동시에 통일시대 주민통합을 원만히 이끌어 낼 수 있을지를 가늠하는 바로미터이다. 북한이탈주민의 우리 사회 정착지원 과정은 향후 한반도 통일시대를 준비해 나가는 일종의 모의실험이다. 우리 사회에 미리 온 북한이탈주민이 건전한 민주시민으로 잘 적응할 수 있도록 정착지원체계를 갖추어야 한다. 통일 이전 단계의 이러한 노력은 결과적으로 통일 이후 통일비용 감소에 기여할 것이다. 갑작스러운 통일 상황 발생 시 성공한 북한이탈주민이 재북 가족들을 지원하고, 나아가 북한주민을 끌어안는 데 큰 역할을 함으로써 국가적 부담을 경감시킬 수 있다. 이러한 북한이탈주민에 대한 정착지원 비용은 통일비용을 선지출하는 의미를 갖는 것이다.

둘째로, 북한이탈주민 지원정책은 소수자에 대한 기본적 인권보호 및 우리 사회의 통합능력 제고 차원에서 중요한 의미를 가진다. 북한이탈주민이 건전한 민주시민으로 우리 사회에 적응할 수 있도록 정착지원체계를 구축하는 것은 북한이탈주민을 포함한 소수자에 대한 기본적 인권을 보호하는 것이며, 국가의 인도주의적 활동의 기본이 되는 것이다. 나아가 북한이탈주민들이 우리 사회에 동화, 통합될 수 있도록 지원함으로써 남북한 주민통합 능력을 제고해야 할 것이다. 북한이탈주민은 오랫동안 이질화된 문화 속에서 고착된 사회주의 습성, 투박한 말투 등 자본주의 사회에서의 기본적 경쟁력이 부족하다. 남한에 입국해서는 의지할 친척, 친구, 선후배 등 사회적 연계망이 전혀 없는 막막한 현실에서 삶을 시작해야 한다. 따라서 우리 사회는 북한이탈주민들을 '친근한 이웃'으로 받아들이고 이해하며 '건전한 민주시민'으로 정착할 수 있는 지원시스템과 인식환경을 조성해야 할 것이다.

셋째로, 북한이탈주민 지원정책은 과거 '수혜적 보호' 정착지원에서 '자립·자활 중심'의 정착지원으로 전환하였다. 북한이탈주민들은 북한에서의 생활, 제3국에서의 경험, 남북한 이념과 경제생활의 차이 등으로 인해 한국사회 정착에 어려움을 겪고 있다. 특히 취업능력 부족은 이들의 한국사회의 안정적 정착을 지연시키고 있다. 북한에서

익혔던 기술은 남한사회 산업현장에서 요구되는 직업능력에 이르지 못하면서, 이들은 취업에 대한 기대수준이 높아 직장을 자주 옮기거나 기초 생계비에 의존하면서 무직이나 비정규직으로 살아가는 경우가 적지 않았다. 따라서 정부는 북한이탈주민들이 우리 사회에서의 자립, 자활 역량을 강화하는 방향으로 정착지원 정책을 추진해 나가고 있다. 정착지원금의 기본금을 축소하고 직업훈련, 자격취득, 취업 등에 따른 장려금 제도를 강화하고 있다. 하나원 교육 이후 각 지역 지역적응센터(하나센터)에 전문상담사를 배치하는 등 초기 지역사회 적응역량을 강화하는 자립, 자활 중심의 정착지원제도를 구축해 나가고 있다.

## 3. 북한이탈주민 정착지원제도

정부는 북한이탈주민에 대한 행정적 지원 단계를 초기입국 단계, 시설보호 단계, 사회적응 교육 단계, 거주지 보호 및 사후지원 단계 4단계로 규정하고 있다. 초기입국 단계에서는 보호대상자의 보호신청(재외공관 등), 통일부 통보, 임시보호조치 및 사실관계조사와 보호결정(통일부, 국정원)의 순서로 진행된다. 시설보호 단계는 국정원과 경찰 등 관계기관에서 북한이탈주민의 신분과 탈북동기 등을 조사(최대 180일까지)한 후 이를 기초로 북한이탈주민대책협의회 심의를 거쳐 보호 여부를 결정한다.

3단계는 하나원 생활기간을 의미하며 3개월간 심리상담 등 생활지도, 사회적응교육, 기초직업훈련을 받는다. 하나원은 취적 및 주민등록증 발급, 정착지원금 지급, 주택알선, 의료 생활보호대상자 편입을 위한 기초자료 제공, 학력자격 인정 기초자료 제공 등 업무를 진행한다.

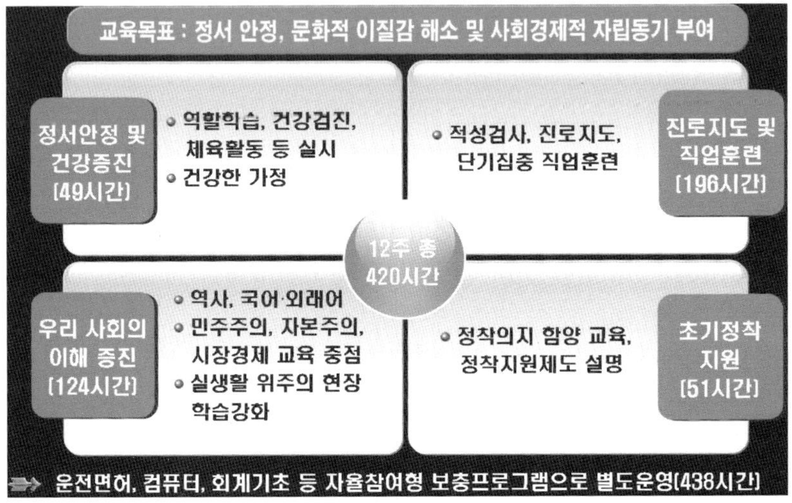


〈그림 Ⅴ-1〉 하나원 교육내용

4단계인 거주지 보호 및 사후지원 단계에서는 하나원을 퇴소하고 주택을 배정받아 각 거주지의 사회안전망 등에 편입하게 된다. 지방자치단체와 하나센터 및 전문상담사, 정착도우미 등이 협력하여 거주지에 잘 정착할 수 있도록 돕는다. 특히 전국 30곳에 설치된 지역적응센터(하나센터)에서는 3주간의 집중교육을 통해 지역사회 정착을 돕고 1년간 사후지원을 실시한다.

| 보호요청 및 국내이송 | ○ 보호요청 시 외교부, 관계부처에 상황보고 및 전파<br>○ 해외공관 또는 주재국 임시보호시설 수용<br>○ 신원확인 후 주재국과 입국교섭 및 국내입국 지원 |
| --- | --- |
| 합동신문 | ○ 입국 후 국정원, 경찰청 등 관계기관 합동신문<br>○ 조사종료 후 사회적응 교육시설인 하나원으로 신병 이관 |
| 보호결정 | ○ '북한이탈주민대책협의회' 심의를 거쳐 보호 여부 결정<br>○ 보호결정 세대단위 결정 |
| 하나원의 정착준비 | ○ 사회적응교육(12주)<br>－ 문화적 이질감 해소, 심리안정, 진로지도 상담 등<br>○ 가족관계 등록, 주거알선 등 정착준비를 마친 후 거주지 전입 |
| 거주지보호 (5년) | ○ 사회적 안전망 편입(생계·의료급여)<br>○ 취업지원: 고용지원금, 무료 직업훈련, 자격인정 등<br>○ 교육지원: 특례 편입학 및 등록금 지원<br>○ 보호담당관제: 거주지·취업·신변보호 담당관제 운영 |
| 민간참여 | ○ 지역적응센터(하나센터) 지정·운영<br>○ 정착도우미: 민간자원봉사자와의 연계<br>○ 북한이탈주민 전문상담사(100여 명): 종합상담 실시<br>○ 북한이탈주민지원재단('10. 9. 27. 설립)을 통한 지원<br>－ 생활안정·사회적응 지원, 67개 민간단체의 구심체 역할 |

〈그림 Ⅴ－2〉 정착지원 프로세스

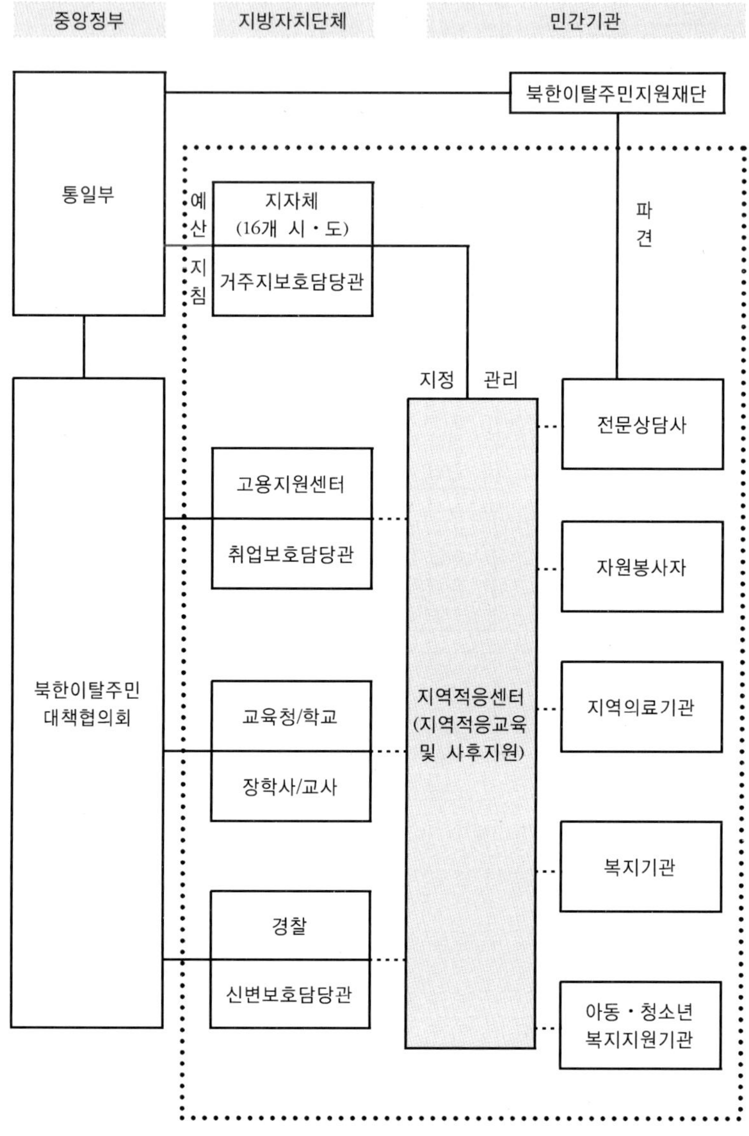


〈그림 Ⅴ-3〉 북한이탈주민 정착지원체계도

4단계인 거주지 보호 및 사후지원 단계에서는 북한이탈주민들의 자립·자활능력을 강화하기 위해 중앙·지방·민간 3자 간 긴밀한 협력적 네트워크를 구축하여 운영하고 있다. 구체적으로 전국 223개 지자체에 거주지 보호담당관, 고용노동부 산하 전국의 55개소 고용센터의 취업보호담당관, 거주지 관할 경찰서에 신변보호담당관(총 800여 명)을 지정하여 운영하고 있으며, 북한이탈주민지원 지역협의회(34개), 민간단체(67개), 정착도우미(한적 등 2,000여 명) 등과의 협력체계를 구축하고 있다.

특히 2010년에는 '북한이탈주민 2만 명 시대'를 맞이하여 북한이탈주민지원재단을 설립함으로써 정부의 종합 정착지원 정책을 종합적으로 서비스하고 민간의 지원역량을 결집하고 조정하는 역할을 수행함으로써 정착지원 거버넌스의 구심점 역할을 수행할 수 있게 되었다.

□ **거주지보호담당관**
○ 지방자치단체별로 거주지보호담당관을 지정, 거주지보호업무를 총괄·조정
− 전국적으로 223개 지자체에서 거주지보호담당관이 북한이탈주민의 거주지 정착지원과 각종 행정지원업무 담당

□ **취업보호담당관**
○ 고용노동부 산하 전국의 55개소 고용센터에 전문 직업상담사로 구성된 취업보호담당관을 지정
− 북한이탈주민을 대상으로 진로지도, 직업훈련, 취업알선 및 상담 등을 담당

□ **신변보호담당관**

o 거주지 관할 경찰서에서 신변보호담당관을 지정(총 800여 명)하
여, 북한이탈주민에 대한 신변보호와 거주지 정착을 지원

- 경찰서마다 자체적으로 △ 북한이탈주민 안보교육, △ '북한이
탈주민 건강지킴이(지역 내 의료기관과 북한이탈주민 진료협약
체결)', △ 자매결연, 자원봉사자 모임 등을 운영


□ **북한이탈주민 지원 지역협의회**

o 북한이탈주민 밀집 거주지역을 중심으로 지역협의회를 구성

- 북한이탈주민 100인 이상 거주하는 지자체는 지역협의회를 구
성하도록 지자체 합동평가(평가지표)에 반영

o 거주지·취업·신변 보호담당관, 하나센터, 지역 종합사회복지
관, 정착도우미, 민주평화통일위원회, 종교·민간단체, 대학, 기
업체, 민주평화통일자문회의 등 장으로 지역실정에 맞게 구성

o 2011년 1월 현재, 수도권 10개 지역협의회와 지방 24개 지역협
의회 등 총 34개 지역협의회 발족


□ **북한이탈주민지원재단**

o 북한이탈주민의 생활안정 및 사회적응 지원을 위해 취업상담,
생활·심리상담, 법률상담 등 24시간 종합상담 및 콜센터 운영

o 하나원 퇴소 이후 주택 미배정자 공동생활시설(쉼터) 및 무연고
청소년시설 운영 지원

o 취업 및 직업훈련 역량강화를 위해 사회적 기업 컨소시엄 설립
지원, 채용박람회 개최, 창업 및 영농정착 지원, 직업능력개발사

업 등을 지원

- ○ 청소년 지원 및 장학사업과 함께 북한이탈주민의 자립의식 제고를 위한 교육프로그램 운영
- ○ 북한이탈주민 커뮤니티 구축 및 민관 단체 간 정착지원 협력체제 구축·운영
- ○ 북한이탈주민 정착실태 조사, 정착지원 프로그램 개발, 국내외 연구 협력체제 구축을 위해 연구지원센터 운영

## 4. 주요 분야 정착지원 현황

### 1) 정착지원 내용

정부는 북한이탈주민의 자립과 자활을 촉진하기 위해 2005년부터 정착지원금을 축소하고 장려금 제도를 폭넓게 도입하였다. 1인 세대 기준 기본정착금은 600만 원이다. 기본금 중 초기지급금은 하나원 퇴소 시 지급, 분할지급금은 거주지 편입 후 1년 동안 분기별로 분할 지급하고 있다. 주거지원으로는 LH공사 또는 지자체 건립 공공건설 임대주택 등 주거 알선 및 주거지원금 1,300만 원을 지급하고 있다. 주거지원금은 실입주 보증금만 지원하고 잔액은 거주지 보호기간이 종료되는 5년 후 지급을 원칙으로 한다.

〈표 Ⅴ-3〉 정착금 및 주거지원금

(단위: 만 원)

| 세대원 수 | 정착금 기본금 | | | 주거지원금 | 합계 |
|---|---|---|---|---|---|
| | 초기지급금 | 분할지급금 | 소계 | | |
| 1인 | 300 | 300 | 600 | 1,300 | 1,900 |
| 2인 | 400 | 700 | 1,100 | 1,700 | 2,800 |
| 3인 | 500 | 1,000 | 1,500 | 1,700 | 3,200 |
| 4인 | 600 | 1,300 | 1,900 | 1,700 | 3,600 |
| 5인 | 700 | 1,600 | 2,300 | 2,000 | 4,300 |
| 6인 | 800 | 1,900 | 2,700 | 2,000 | 4,700 |
| 7인 이상 | 900 | 2,200 | 3,100 | 2,000 | 5,100 |

이 외에 자립과 자활을 촉진하기 위한 각종 장려금이 지급되고 있다. 직업훈련 수료 시 최대 240만 원까지 직업훈련 장려금을 지급하고, 자격취득 시에는 자격취득 장려금을 200만 원 지급한다. 고용보험 가입 직장에 취업 시에는 3년간 1,800만 원까지 취업 장려금을 지급한다. 취업 장려금의 지급수준은 전년도 대비 2007년은 9.3배, 2008년은 7배, 2009년은 3.3배 이상 증가하였고 취업 및 고용 장려금을 신청한 건수도 증가하였다. 이 밖에도 취업지원을 위해 2010년도에는 사회적 기업 설립지원(21개 200여 명 취업), 창업지원 등을 통해 약 2,200명에게 일자리를 제공하였다.

〈표 Ⅴ-4〉 정착 장려금

| 구분 | 기준 | 금액(만 원) | 비고 |
|---|---|---|---|
| 직업훈련 장려금 | 총 500시간 미만 | - | 미지급 |
| | 총 500시간 | 120 | |
| | 총 500시간~1,220시간 | 120시간×20만 원 | |
| | * 1년 과정, 우선 선정 직종 | 200 | 추가지급 |
| 자격취득 장려금 | 직업훈련 장려금 수혜자 | 200 | 신청횟수: 1회 |
| | 독학으로 취득한 자격 | 200 | |

| 취업 장려금 | 6개월 동일업체 취업 | 250 | |
| --- | --- | --- | --- |
| | 1년차 | 550 | ('10 이전) 450 |
| | 2년차 | 600 | ('10 이전) 500 |
| | 3년차 | 650 | ('10 이전) 550 |
| 총액(최고액) 2,440 | | | |

## 2) 교육현황과 교육지원내용

초·중등교육기관에서 교육받고 있는 탈북학생은 총 1,711명으로 집계(2010년 4월 기준)되었다. 이 통계는 삼죽초등학교(38명), 한겨레 중·고등학교(160명)를 포함하여 정규 초·중·고등학교에 재학 중인 학생 1,417명과 전일제 대안학교 수학자 156명을 포함한 것이다 (신효숙, 2010).

〈표 V-5〉 탈북청소년의 취학현황(2010년 4월 기준)

(단위: 명, %)

| 정규학교 재학* | | | 학교 밖 탈북청소년 | | 계 |
| --- | --- | --- | --- | --- | --- |
| 초등학교 | 중학교 | 고등학교** | 대안교육시설 | 기타 | |
| 773(54.6) | 300(21.1) | 344(24.3) | 156(9.1) | 138(8.1) | 1,711(100) |
| 1,417(82.8) | | | | | |

〈자료〉 교육과학기술부 교육복지정책과(2010), '10 탈북청소년 교육 관련 현황조사'
* 지역별 재학현황: 서울 487명(34.4%), 경기 381명(26.9%), 인천 144명(10.2%)
** 전문계 고등학교 재학현황: 58개교 66명(마이스터고 5개교 5명 포함)

하나원에서 3개월간의 초기교육만 받고 거주지 인근학교에 편입학한 학생들은 초등학교에서는 비교적 잘 적응하고 있지만, 중학교, 고등학교로 올라갈수록 학교교육에 잘 적응하지 못하고 탈락하고 있다. 북한과 제3국에서의 교육공백, 남북한 학제의 차이로 인해 탈북청소년들은 일반학교에서 적응하는 데 어려움을 겪고 있다. 게다가 중·

고등학교의 경우는 학력격차가 심하여 적응하지 못하고 탈락하는 경우가 높다. 최근 정부 차원의 탈북청소년 지원정책에 힘입어 중도탈락률이 급격히 감소하고 있음을 보여 주고 있다. 중도탈락률이 2007년도에는 10.8%, 2008년도에는 6.1%, 2009년도에는 4.9%로 나타나고 있다. 그렇지만 일반학교 적응이 가장 어려운 시기인 고등학교의 중도탈락률은 2007년도 28.1%, 2008년도 14.2%, 2009년도 9.1%로 여전히 높은 편이다.

탈북청소년의 교육지원체계는 다음과 같다. 정부는 북한이탈주민이 북한이나 제3국에서 이수하였던 학력을 인정하여 학교에 편·입학하도록 규정하고 있다. 하나원에서 적응교육을 마친 탈북청소년들은 거주지 일반학교로 편입학하게 된다.

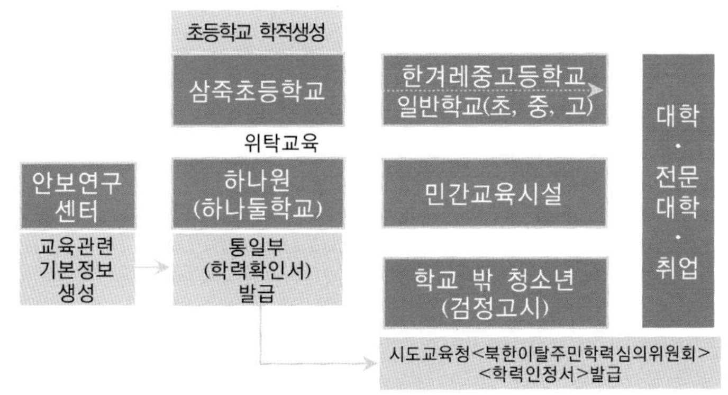



〈그림 Ⅴ-4〉 교육지원체계

이 중에서 일반학교에 들어가기에는 나이가 많아 학력을 빨리 취득해야 하는 청소년들, 보호자가 없어 기숙형 시설이 필요한 무연고

청소년들, 일반학교 적응이 어려운 청소년들을 위해 특성화 학교인 한겨레 중·고등학교와 민간교육시설이 운영 중이다. 이 학교의 장점은 탈북학생의 특성을 반영한 맞춤형 개별교육과 지도가 이루어질 수 있다는 점이다. 다른 한편으로는 탈북학생들만 모여 교육이 진행되는 특성화 학교, 민간교육시설이다 보니 남한학생들과 원만한 통합교육을 이루는 문제가 과제로 제기되고 있다. 대표적인 탈북청소년을 위한 민간교육시설은 아래와 같다.

〈표 Ⅴ-6〉 특성화 학교 및 민간교육시설

| 유형 | 단체명 | 소재지 |
| --- | --- | --- |
| 특성화 학교 | 한겨레 중·고등학교 | 경기 안성 |
| 민간교육시설 | 하늘꿈학교(서울) | 서울 송파 |
| | 하늘꿈학교(천안) | 충남 천안 |
| | 한꿈학교 | 경기 의정부 |
| | 한민족학교 | 서울 양천 |
| | 한울학교 | 경기 남양주 |
| | 여명학교 | 서울 중구 |
| | 셋넷학교 | 서울 영등포 |
| | 삼흥학교 | 서울 구로구 |

탈북청소년들은 기본적으로 고등학교까지의 교육이 보장되어 있다. 만 25세 미만으로 고등학교 이하의 학교에 편·입학할 경우에 학비를 전액 면제해 주고 있다. 특히 탈북청소년들에게 공정한 교육기회를 부여하기 위해 대학진학 희망자의 경우에 특례로 대학입학을 허용하고 있다. 대학의 교육비 지원은 국립대학은 학비를 전액 면제하며, 사립대학은 국가와 학교가 각각 1/2씩 분담하도록 되어 있다. 일반대학의 학비지원 자격은 만 35세 미만으로 거주지 보호기간 5년

이내 또는 고졸 검정고시 합격 등 대학진학 자격을 획득한 지 5년 이내에 진학해야 교육비 지원을 받을 수 있다. 최근 시행령 개정을 통해, 교육지원의 범위를 확대하였다. 즉 기존에 대학입학 후 5년 범위에서 8학기 지원을, 6년 범위에서 8학기 지원으로 개정함으로써 탈북청소년들이 대학재학 중 최대 2년간 학습을 보충할 수 있는 기회를 제공하였다. 기타 전문대학, 산업대학, 기술대학, 통신대학 등은 평생교육법에 의하여 입학 시 연령과 무관하게 거주지 보호기간 내에 입학하면 지원받을 수 있도록 지원범위를 확대하였다.

## 5. 북한이탈주민 정착지원 정책추진 방향

### 1) 정착지원법(2010. 9. 27. 시행) 주요 개정내용

① 지역적응센터 지정(제15조의2)
○ 지역적응센터의 법적 근거 수립을 통해 안정적 추진기반 마련

② 북한이탈주민 고용 우수업체 지원(제17조의4)
○ 북한이탈주민의 취업률 제고를 위해 여러 프로그램을 운영하고 있지만, 제도적으로 고용 관련 인센티브를 주는 방안 마련 필요
 - 세제혜택과 같은 직접적인 인센티브가 주어진다면, 북한이탈주민에 대한 취업환경은 보다 개선될 것으로 전망
 - 조세특례제한법 개정 미반영(2010. 4. 22)으로 실행상 어려움이 있으나, 향후 세제혜택을 위한 법적 근거 필요

③ 공무원 특별임용 시 조건 완화(제18조)

○ 북한이탈주민의 특별임용 범위를 확대한다는 면에서 바람직함

- 우리나라 행정안전부 인사정책과(2011. 1. 27)는 2011년 각급 행정기관에서 행정보조인력(기간제 근로자, 무기계약 근로자 등)으로 채용하는 인원의 1% 이상을 북한이탈주민으로 고용하기로 발표했다. 중앙 및 지방에서 연간 신규 채용되는 행정보조 인력이 약 2만여 명으로 추정, 그중 1%를 적용할 경우 약 200여 명의 북한이탈주민을 행정보조 인력으로 활용할 수 있을 것으로 전망한다. 북한이탈주민 정착지원 업무 등 북한이탈주민을 효율적으로 활용할 수 있는 분야를 중심으로 여건이 허락하는 범위에서 계약직 공무원 등으로 최대한 활용토록 할 방침. 현재 북한이탈주민 14명이 통일부, 서울·경기·인천 등 지방자치단체에서 계약직 공무원으로 근무 중이다.


④ 공공기관 평가 시 북한이탈주민 고용률 반영(제18조의2)

○ 의무고용제와 같은 직접적·강제적인 방법보다는 공공기관 평가 시 북한이탈주민 고용률을 반영하는 간접적 인센티브제도를 운용하는 것은 바람직

○ 북한이탈주민 취업촉진을 위한 인센티브제 운영근거 마련


⑤ 임대차계약 해지 제한(제20조)

○ 현재 주거분실을 방지하기 위해 2년간 임대차 계약을 해지할 수 없도록 제도를 운영 중

- 안정적 주거지원을 위한 법적 토대 마련

⑥ 전문상담사 제도 운영(제22조의2)

○ 전문상담사 제도 운영 근거를 법률에 규정함으로써 제도적인 뒷받침하에 안정적으로 운영할 수 있음

- 전문상담사 제도의 법적 근거 수립을 통해 안정적 추진기반 마련

⑦ 탈북청소년 예비학교 설립 운영(제24조의2)

○ 탈북청소년은 남북한 교육격차, 탈북과정에서의 학력중단 등으로 일반학교에 직접 편입학시키는 어려움 상존

- 일반학교의 원만한 진학지원을 위한 예비학교 설립근거 마련

⑧ 자금의 대여(제26조의4)

○ 국가가 시행하는 사회안전망 차원의 저소득층에 대한 서민금융 지원제도를 활용하되, 북한이탈주민에 대해서는 우선적 지원이 가능토록 규정

- 저소득층, 근로자 대상 자금 대여를 위한 법적 근거 마련

⑨ 북한이탈주민 보호변경 사유 확인근거(제27조)

○ 명시적인 법적 근거가 없는 한 보호변경 사유를 확인하기 위한 범죄경력 조회가 불가한 상황

- 범죄경력 및 수사경력 확인 등 보호변경 사유 확인근거 마련

⑩ 북한이탈주민지원재단 설립 운영(시행령 제48조의2, 제48조의3, 제48조의4)

○ 현재의 '북한이탈주민후원회'를 '재단'으로 확대 개편

- 민간단체의 구심체, 하나원 이후 민간 차원의 서비스 총괄 기대

## 2) 2011년도 정착지원 중점 추진방향

- ○ 북한이탈주민지원재단 내 종합상담 및 24시간 콜센터(1577-6635) 설치 운영을 통한 24시간 전국적 긴급지원체계 구축
- ○ 현대차미소금융재단과 연계 소자본 창업교육, 창업자금 지원, 전문컨설팅 등 소자본 창업을 지원하며, 영농정착 지원, 사회적 기업 등 취업지원 강화(희망가게 프로젝트)
- ○ 탈북청소년을 위한 하나원 '예비학교' 설립, 주택 미배정자를 위한 공동생활 시설, 무연고 청소년 그룹 홈과 방과 후 공부방, 탈북여성들을 위한 여성 쉼터 운영 등 생애주기별 지원시스템 확충
- ○ 탈북청소년들이 향후 통일과정과 통합과정에서 중요한 역할을 할 수 있도록 통일리더 역량강화
- ○ 남북주민 간의 소통강화 및 북한이탈주민에 대한 인식개선
- ○ 정착지원제도의 지속적인 개선

# 〈참고문헌〉

박상돈(2011), 「북한이탈주민 정착지원 현황과 중점 추진방향」, 북한이탈주민의 성공적인 정착과 지역사회의 역할(제2차 권역별 세미나, 2011. 6. 23), 북한이탈주민지원재단·북한이주민지원센터.

송창용 외(2009), 「2009년 북한이탈주민의 경제활동 실태조사」, 한국직업능력개발원.

신효숙(2010), 「탈북청소년 교육지원 체계의 종합적 고찰」, 『충청권 탈북학생 지도 담당교원 연수 자료집(2010. 6. 25~26)』, 한국교육개발원 탈북청소년교육지원센터.

통일부(2010), 2010 북한이탈주민 정착지원업무 실무편람, 통일부.

북한이탈주민지원재단 홈페이지(http://www.dongposarang.or.kr/).

통일부 홈페이지(http://www.unikorea.go.kr/).

『제3차 인천 북한이탈주민 정착지원 세미나 자료집(2011. 8)』, 「북한이탈주민의 성공적인 정착과 지역사회의 역할」, 인천 YWCA.

# A Phenomenological Study on the Experience of North Korean Refugees

# 1. Introduction

In the early 1990s only a handful of North Korean refugees arrived in South Korea, but by the year 2000, with the death of Kim IL Sung, and a number of natural disasters in North Korea, the number of refuges there has increased to over a 1000 per year. In 2006 that number was over 2000. Because this only represents the documented cases, it is thought that the actual number is much higher. Kim(2007) also suggested that approximately 30,000 to 300,000 North Korean refugees have escaped into China.

In studies many North Korean refugees have reported significant psychological trauma(Kim, 2006; Jeon, 2005). These studies document that North Korean refugees experienced shock and psychological suffering. Many reported that they had suffered from tremendous psychological distress while in North Korea, and again when they crossed the border to a third country, like South Korea. It is also thought that pre—migration trauma negatively affects post—

migration adjustment in South Korea. The lingering effects of pre−migration trauma often remained unresolved after leaving North Korea. The continued psychological burden for the refugees was added to the acculturation stress, discrimination, loneliness, and economic difficulties that many experienced in South Korea. Their situation and background problems at the time of their arrival in turn made their adjustment more difficult.

According to a study by Hong(2004), many North Korean refugees in South Korea suffer from post−traumatic stress disorder(PTSD). He reported that after 3 years in South Korea, the number of the refuges with partial PTSD had decreased from 31.8% to 5.3%, while those who meet the full criteria for PTSD went from 27.2% to 4%. According to Hong(2004), 88.8% of those refugees with PTSD or partial PTSD recovered by the end of the 3−year study period. Their finding suggested that time is an important factor in recovery. But Tedeschi and Calhoun(1999) reported that time itself is not the healer.

Unlike refugees in the West or in Southeast Asia, North Koreans refugees seem to go through a different healing process in South Korea. Other recovery factors need to be considered in order to better understand their experience and to guide program development. There have only been a few studies that consider the social−cultural context. The aim of this study was to explore recovery factors other than time in light of the psychological trauma among North Korean refugees within their post−migration socio−cultural context.

## 2. Research Question

The research question was: What was the experience of North Korean refugees?

## 3. Method

A phenomenological method was used to explore this question. Essences are illuminated from a comprehensive description drawn from the comments of the participants. Essences for Husserl(1925/1977) belong to the everyday experiencing of the world. Merleau—Ponty(1945/1995) defined phenomenology as the study of such essences. These essences are seen here as making up the structure of the meaning of the experience of trauma and trauma recovery. The researchers participated in a self—help meeting for adult refugees once a month and volunteered to help young adult refugees in Seoul learn English. From these groups 2 men and 3 women agreed to participate in this study.

## 4. Data Collection

The data were collected from January to November 2006. The sources of data were from in—depth interviews and various personal records of the participants, including their travel diaries, a book, e—mail correspondences, and family interviews. In order to collect sufficient data, each participant was interviewed from 5 to 10 times. Each interview session lasted between 1.5 to 2 hours. Before each interview, the researchers explained the purpose of the study, how the participant's anonymity would be protected, and the right to refuse to answer any question or stop participating at any time. All participants signed the written consent form.

## 5. Analysis and Findings

The participants were ages 20 to 39. The group was comprised of 2 university students, 2 housewives, and 1 pre—medicine student. They were in South Korea for between 6 months and 6 years. The researchers collected 462 organized comments from all the transcribed interviews and the other sources described above. In the analysis, the data were categorized into 6 essences. The six essences were: entry into a new society after struggling for survival, unexpected shock and chaos, reconsidering the reasons for leaving their homeland, recovery from trauma, rebuilding of meaning, and posttraumatic growth. These six essences were categorized by grouping the statements from the interviews and other sources. The authors were also able to identify in the participants'comments 4 factors that the participants saw as affecting their recovery. These factors are labeled: personal factors, religious factors, social factors, and mental health factors.

The researchers found that it was possible for North Korean refugees to experience post—traumatic personal growth through positive coping resources, even after suffering considerable psychological trauma and post—migration distress from unexpected shock and chaos. The severe stressors and traumas discussed by the refugees were: acculturation stress, distress of living in a place where the dominant dialect and culture is different, denial of self—identity, the competitiveness of a new society, and difficulty in trusting and understanding South Koreans.

## 6. Discussion

Because of the political situation in North Korea persons who leave the country without government permission are seen as defectors. The reasons for their defection were often to avoid persecution, starvation, war, torture, imprisonment, and terror. Because of this, being a refugee is a very different experience from being an immigrant. Refugees' departures were often sudden and forced by significant threats. The participants reported having little time to prepare for life in the new country. In addition, it is usually impossible for refugees to return to their homeland(Hsu, Davies, & Hansen, 2004; Procter, 2005).

The participants in this study described their traumatic experiences in North Korea and China, and the difficulties involved in crossing the border into Korea. The refugees said that starvation, political persecution, forced marriages, and separation from families were common.

Participants who went to China before South Korea were classified as illegal aliens, and they lived in constant fear of being caught and returned to North Korea. Those who were returned to North Korea faced persecution astraitors, which often involved imprisonment in unsanitary and disgraceful prisons. Participants also reported that those who returned to North Korea were subject to forced labor, rape, constant observation, starvation and other tortures while in prison. Understandably many sought to escape, this time to South Korea.

Settling down and starting a new life in South Korea was described by the participants as stressful. They experienced cultural shock and chaos because life in South Korea was so different from life in North Korea. After official entry into South Korea, they had training to help them adjust to life in South Korea. The 3－month training program was at Ha－Na－Won, an institute for North Korean refugees. While they experienced relief and new hope, they were also overwhelmed by the differences. Although North and South Korea share the same language, the participants said that the dialect in South Korea was quite different from what they were used to and this was a barrier in communication. They also felt there was discrimination against North Koreans in South Korea. They saw the discrimination as a form of rejection of the political, ideological, and cultural aspects of North Korea. The participants reported that they tried not to reveal their origin to South Koreans, at least initially.

It is now clear that many North Korean refugees come to South Korea with PTSD from their pre－migration trauma. They connected their experiences of feeling depressed to their experiences of being imprisoned. Some of the symptoms among the participants were flashbacks, psychosomatic problems, and seizures. Married participants who left children in North Korea or China experienced additional losses and separation stress. After they realized how difficult and how long it would take to assimilate into South Korean society, the participants admitted to having some regrets about their decision to defect. The periods of loneliness and alienation of living without their family made them wish they could return to their homeland. The participants told the researchers that they re—evaluated their reasons for leaving North Korea. The participants drew on personal, social, religious, and mental health assets to help them manage in their new homes and to recover from what they had experienced. One personal factor used by participants was a conscious effort to detach from being a North Korean. This could be seen as defense against being reminded of painful experiences that they had while in North Korea. This strategy was more commonly used during the early stages of their migration experience. The North Korean refugees also sought to repair their disintegrated family relationships by sending money and calling family members in North Korea. They also offered ways to help their families escape from North Korea. Such efforts to re—integrate families played an important role in the recovery of psychological trauma in a study by Weine and colleagues(2004).

According to the participants, North Koreans reached out to the South Korean's for help. They opened their hearts to them and tried to make a strong network with South Koreans.

According to Herman(1997), "psychological recovery only takes place in the context of therapeutic relationships"(p.133). In this study, a connection with South Koreans was seen as an important recovery factor for psychological trauma. Participants also reported feeling some relief from their distress in South Korea by recalling how they suffered in North Korea and in China.

In this study, a social recovery factor was experienced when North Korean refugees experienced feeling better after obtaining some form of instrumental or emotional support from South Koreans. But as time went by in South Korea, the participants recognized the limits of their connections and support from the South Koreans. So the participants made efforts to contact family and friends in North Korea. The participants said that sharing their experiences helped them feel better about themselves.

Because the participants said that religion had not been part of their lives while in communist North Korea, and that they learned about religion at the Ha—Na—Won program, it was included in this study as a separate recovery factor. The participants said that they began to go to church as a way to help their adjustment to life in South Korea. In this study, mental health factors were seen in the participants'efforts to resolve their problems and suffering with drinking alcohol and taking drugs. Some even had suicidal thoughts. Depression was a common experience for the participants who had been imprisoned.

These 4 factors(personal, social, religious, and mental health) had an impact on participants'recovery. These are connected to their efforts to find new meaning in the South. The North Korean refugees in this study all made comments suggesting that they experienced post—traumatic growth. This finding suggested that it is possible to assist North Korean refugees who experienced PTSD. Tedeschi and Calhoun(1999) described post—traumatic growth as "awakening new possibilities, relating to others, personal strength, appreciation of life, and spiritual change"(p.73). Park, Cohen and Murch(1996) labeled such growth as stress—related growth. Armeli, Gunthert and Cohen (2001) identified 7 dimensions of stress—related growth: "affective growth, religious growth, treatment of others, personal strength, belongingness, self—understanding and optimism"(pp.392~393). They described these factors as ways to struggle with adversity. In this study the researchers consider them adversarial growth. It is through this process of struggling with adversity that change arises and propels individuals to a higher level of functioning(Linley & Joseph, 2004).

The findings of this study are consistent with previous studies(Harvey, Carlson, Huff & Green, 2001; Stroebe & Schut, 2001; Tedeschi & Calhoun, 1999) in that the experience of psychological trauma does not always have a long—term negative impact on mental health. Despite this finding, clinicians need to be aware that many of the participants'memories and emotions related to pre—migration psychological trauma and post—migration distress remain, as does their vulnerability to additional stress and depression. The researchers suggested that it would be helpful to use the eco—systemic and empowering models as described by Papadopoulos(2001) for North Korean refugees, rather than deficient models.

# 7. Conclusions

The present study explored North Korean refugees' experiences of trauma and distress, as well as their posttraumatic growth. The study categorized comments of the participant's into 4 recovery factors(personal, social, religious and mental health).

<References>


Armeli, S., Gunthert, K. C. & Cohen, L. H.(2001), Stressor appraisal, coping and post −event outcomes: The dimensionality and antecedents of stress−related growth, *Journal of Social and Clinical Psychology, 20*, 392~393.

Harvey, J. H., Carlson, H. R., Huff, T. M. & Green, M. A.(2001), Embracing their Memory: The construction of accounts of loss and hope, In R. A. Neimeyer(Ed.), *Meaning reconstruction & the experience of loss*(231~245), Washington, D. C.: American Psychological Association.

Herman, J. L.(1997), *Trauma and recovery,* New York: Basic Books.

Hong, C. Y.(2004), *The 3 years follow up study of posttraumatic stress disorder of North Korean defectors,* Unpublished master's thesis, Yonsei University, Seoul, Korea.

Hsu, E., Davies, C. A. & Hansen, D. J.(2004), Understanding mental health needs of Southeast Asian refugees: Historical, cultural and contextual challenges, *Clinical Psychology Review, 24*, 193~213.

Husserl, E.(1977), *Phenomenological psychology: Lectures, summer semester 1925*(J. Scanlon, Trans.), The Hague: Martinus Nijhoff(Original work published, 1925).

Jeon, W. T(2005), Correlation between traumatic events and North Korean defectors in South Korea, *Journal of Traumatic Stress, 18*, 147~152.

Kim, H. A.(2006), *Development of a resilience scale for dislocated North Koreans in South Korea,* Unpublished doctoral dissertation, Kyungpook National University, Daegu, Korea.

Kim, H. K.(2007), *A phenomenological study on the experience of trauma recovery among the North Korean refugees,* Unpublished doctoral dissertation, Ewha Woman's University, Seoul, Korea.

Linley, P. & Joseph, S.(2004), Positive change following trauma and adversity: A review, *Journal of Traumatic Stress, 17*, 11~21.

Merleau−Ponty, M.(1995), *Phenomenology of perception*(C. Smith, Trans.), London: Routledge

(Original work published, 1945).

Papadopoulos, R. K.(2001), Refugee families: Issues of systemic supervision, *Journal of Family Therapy*, *23*, 405~422.

Park, C., Cohen, L. & Murch, R.(1996), Assessment and prediction of stress-related growth, *Journal of Personality*, *64*, 71~105.

Procter, N. G.(2005), They first killed his heart then he took his own life, Part 1: A review of the context and literature on mental health issues for refugees and asylum seekers, *International Journal of Nursing Practice*, *11*, 286~291.

Stroebe, M. S. & Schut, H.(2001), Meaning making in the dual process model of coping with bereavement, In R. A. Neimeyer(Ed.), *Meaning reconstruction & the experience of loss*, 33~55, Washington, D. C.: American Psychological Association.

Tedeschi, R. G. & Calhoun, L. G.(1999), *Facilitating posttraumatic growth: A clinician's guide*, Mahwah, N. J.: Lawrence Erlbaum Associates.

Weine, S., Muzurovic, N., Kulauzovic, Y., Besic, S., Lezic, A., Mujagic, A., et al.(2004), Family consequences of refugees trauma, *Family Process*, *43*, 147~160.

김현경

이화여자대학교 사회복지학과 임상실천분야 박사 졸업(2007)
현) 호원대학교 사회복지학과 조교수



「난민으로서의 새터민의 외상(trauma)회복 경험에 대한 현상학 연구」(박사학위논문)
「북한이탈주민의 결혼행복감에 관한 연구」(2012)
「고문폭력 생존자가 반추한 고문의 고통체험: 군사정권시대 간첩혐의 희생자를 중심으로」
(2011)
「Nursing Practice with Families without a Country」(2011)
「북한 이문화 부부의 적응에 관한 연구: 남한주민과 결혼한 북한출신 배우자의 부부적응에
대한 인식을 중심으로」(2010)
「북한이탈주민의 심리적 고통 체험: Parse의 인간되어감 연구방법 적용」(2010)

『영화와 다큐로 이해하는 사회복지이슈들』(2010)
『현상학으로 바라본 새터민(탈북이주자)의 심리적 충격과 회복경험』(2009) 등


# 북한이탈주민의 **삶** 들여다보기


초판인쇄 | 2012년 7월 27일
초판발행 | 2012년 7월 27일

지 은 이 | 김현경
펴 낸 이 | 채종준
펴 낸 곳 | 한국학술정보㈜
주    소 | 경기도 파주시 문발동 파주출판문화정보산업단지 513-5
전    화 | 031) 908-3181(대표)
팩    스 | 031) 908-3189
홈페이지 | http://ebook.kstudy.com
E-mail | 출판사업부  publish@kstudy.com
등    록 | 제일산-115호(2000. 6. 19)

ISBN    978-89-268-3630-9 93330 (Paper Book)
        978-89-268-3631-6 95330 (e-Book)

〈호원대학교 교내연구비 지원 받음〉